Entrer
dans le
vortex

Entrer
dans le
vortex

CD avec méditations
en version originale anglaise

ESTHER ET JERRY HICKS

Les Enseignements d'Abraham®

Traduit de l'anglais par Eric Villeroc

A·D·A
audio

L'auteur de ce livre ne donne aucun avis médical et ne prescrit l'utilisation d'aucune technique comme moyen de traitement pour des problèmes physiques, émotionnels ou médicaux sans l'avis direct ou indirect d'un médecin. L'intention de l'auteur est seulement d'offrir une information d'ordre général pour vous aider dans votre quête de bien-être émotionnel et spirituel. Au cas où vous utiliseriez toute information contenue dans ce livre pour vous-même, ce qui fait partie de vos droits constitutionnels, l'auteur et l'éditeur déclinent toute responsabilité pour vos actions.

Éditeur : François Doucet
Révision linguistique : Mélanie Trudeau
Correction d'épreuves : Suzanne Turcotte, Katherine Lacombe
Mise en pages : Mathieu C. Dandurand
Conception de la couverture : Matthieu Fortin, Mathieu C. Dandurand
Photo de la couverture : © Thinkstock
ISBN papier 978-2-89667-906-5
ISBN PDF 978-2-89683-996-4
ISBN ePub 978-2-89683-997-1
Première impression : 2012
Dépôt légal : 2012
Bibliothèque et Archives nationales du Québec
Bibliothèque Nationale du Canada

À propos du CD ; veuillez noter qu'à la demande des auteurs, ces méditations sont laissées en langue originale anglaise afin de garder imprimées en elles les vibrations telles quelles.

AdA Audio Inc.
1385, boul. Lionel-Boulet
Varennes, Québec, Canada, J3X 1P7
Téléphone : 450-929-0296
Télécopieur : 450-929-0220
www.ada-inc.com
info@ada-inc.com

Diffusion
Canada :   Éditions AdA Inc.
France :   D.G. Diffusion
                Z.I. des Bogues
                31750 Escalquens — France
                Téléphone : 05.61.00.09.99
Suisse :   Transat — 23.42.77.40
Belgique :   D.G. Diffusion — 05.61.00.09.99

Imprimé au Canada

Participation de la SODEC. SODEC
Nous reconnaissons l'aide financière du gouvernement du Canada par l'entremise du Fonds du livre du Canada (FLC) pour nos activités d'édition.
Gouvernement du Québec — Programme de crédit d'impôt pour l'édition de livres — Gestion SODEC.

Table des matières

Préface   **VII**

Introduction   **1**

Méditation :

    le Bien-Être général   **7**

    l'abondance financière   **41**

    le Bien-Être physique   **75**

    les relations   **109**

À propos des auteurs   **143**

Préface

par Jerry Hicks

Si vous êtes comme nous, vous avez sans doute envie d'écouter un bout du CD de méditation inclus avant même d'avoir pris le temps de lire le manuel qui va avec lui.

Toutefois, compte tenu de ce moyen de transformer votre vie personnelle potentiellement puissant que vous tenez entre les mains, nous vous suggérons aimablement de prendre 45 minutes pour examiner la section « Bien-Être général » de ce manuel, avant de commencer à écouter les méditations guidées enregistrées.

Quand Esther et moi avons commencé à élaborer ce CD et le manuel qui l'accompagne, nous avions l'intention de créer un outil unique en son genre, facile d'utilisation, qui permettrait aux Vibrations de l'utilisateur d'atteindre un espace plus agréable dans quatre domaines spécifiques : le *Bien-Être général*, l'*Abondance financière*, le *Bien-Être physique* et les *Relations*.

Ayez conscience que ni ce CD ni les informations présentes dans le livret ne sont conçus pour remplacer une aide psychologique ou médicale professionnelle ; il faut au contraire vous en servir pour amplifier les autres outils d'amélioration du Bien-Être que chacun d'entre vous utilise déjà.

Dès le début de nos échanges, voici plus de 20 ans, les Enseignements d'Abraham nous ont appris que tout ce que nous avons l'intention de faire (que les autres jugent cette intention bonne ou mauvaise) découle de notre conviction qu'en agissant ainsi, nous irons mieux... Ainsi, les Enseignements d'Abraham visent essentiellement à nous permettre d'atteindre cet espace de plus grand Bien-Être (le Vortex) dès maintenant !

Nous vous suggérons d'apprendre à utiliser ces enregistrements d'*Abraham* de la façon qui vous convient le mieux, mais nous vous déconseillons de méditer plus de 15 minutes par jour. Comme le disent les Enseignements d'Abraham : « La vie est faite pour être conscient, attentif et joyeux ; aussi 15 minutes de méditation quotidienne suffisent amplement. » Par ailleurs, le rythme respiratoire imprimé par les tons musicaux (destiné à vous aider à respirer plus profondément) vous paraîtra certainement très lent à vos débuts. Si c'est le cas, nous vous suggérons (plutôt que de vous imposer ce rythme de force) de laisser votre rythme respiratoire se relaxer lentement et naturellement, en l'espace de plusieurs jours ou semaines, jusqu'à atteindre ce tempo relaxant et stimulant de six respirations par minute[1].

Nous vous déconseillons totalement d'écouter ces méditations de relaxation d'*Abraham* en conduisant (il existe des centaines d'autres enregistrements tout à fait adaptés à la conduite !). Et, à moins de vouloir effectivement vous endormir, nous vous recommandons d'écouter votre méditation quotidienne en position assise (les yeux fermés pour éviter toute distraction).

Au fait, les droits d'auteurs de tous les Enseignements d'Abraham® sont au nom de Jerry et Esther Hicks, et nous apprécions grandement tout ce que vous pourriez faire pour élargir le cercle de ceux qui peuvent avoir accès à cette expérience merveilleusement co-créative. Ainsi, si vous décidez de partager ces données avec d'autres gens, nous vous demandons par avance de le faire de la façon la plus pure et la plus valable, autrement dit de fournir à autrui à la fois le CD de méditation et le manuel qui l'accompagne.

Pour en savoir plus sur Abraham ou sur nous-mêmes, veuillez vous rendre sur le site www.abraham-hicks.com (en anglais seulement).

Plus de deux décennies après avoir commencé à étudier avec Abraham, je ne me rappelle que trois choses qu'on nous ait enseigné concernant le maintien ou l'amélioration de notre Bien-Être physique : 1) *Cultive davantage de pensées agréables dans le Vortex,* 2) *Bois*

---

1.   N.d.T.: Veuillez noter qu'à la demande des auteurs, ces méditations sont laissées en langue originale anglaise afin de garder imprimées en elles les vibrations telles quelles.

davantage d'eau, 3) (et c'est le thème principal des méditations guidées quotidiennes ci-jointes) *Respire plus profondément.*

Bien, alors allons-y. Esther va demander à Abraham de vous guider dans ce processus pour que vous fassiez le meilleur usage possible de ce CD de méditations guidées. Alors, mettez-vous à l'aise, installez-vous confortablement, fermez les yeux et détendez-vous, tout en prenant une profonde inspiration, puis laissez Abraham vous guider progressivement et avec amour vers le Vortex joyeux de votre Bien-Être naturel, qui améliore notre vie.

(**Note de l'éditeur :** Veuillez prendre note qu'en l'absence d'équivalents à certains des concepts non physiques que capte Esther, cette dernière utilise parfois de nouvelles combinaisons de mots, comme il lui arrive de faire un nouvel usage de termes courants, par exemple en les écrivant avec une majuscule ou en italique, là où ils ne le sont pas d'ordinaire, afin d'exprimer une nouvelle manière de considérer la vie.)

Introduction

par Abraham

Il est agréable de pouvoir vous rendre visite pour aborder le sujet de cet enregistrement, car il a été tout spécialement conçu pour vous aider de la manière suivante : quand vous êtes en état de *permettre*, ce qui signifie que vous avez calmé votre esprit – ou que vous l'avez concentré, si bien que vos pensées de résistance sont absentes ou moins nombreuses –, votre Vibration s'élève tout naturellement. Ce qui veut dire que vous approchez de plus en plus de l'alignement vibratoire avec Qui Vous Êtes Vraiment, avec la fréquence de la Source et celle de votre *Être Intérieur*. Or, dans ces conditions d'alignement vibratoire, vous ne pouvez que prospérer. C'est pourquoi notre enregistrement a été conçu avec l'intention que vous preniez (15 minutes chaque jour,) durant lesquelles vous allez simplement vous détendre, écouter et respirer, de manière à accéder tout naturellement à un état vibratoire différent.

Vous allez donc, pour ainsi dire, entraîner votre Vibration *loin* de vos schémas de résistance habituels, *en direction* d'un état de permission, qui fera que, progressivement, vous trouverez tout naturellement des pensées plus agréables. Dès que vous trouvez des pensées plus agréables et que vous vous libérez de toute résistance, votre Vibration naturelle s'élève et vous atteignez un point d'attraction à la fois différent et meilleur. Dès lors, ce nouveau point d'attraction (vous attire des choses plus agréables à observer et votre vie ne cesse de s'améliorer.)

Notre enregistrement se nomme *CD de méditations guidées pour entrer dans le Vortex,* ce qui signifie littéralement concentrer votre esprit sur des pensées qui favorisent votre alignement sur la partie plus vaste de Qui Vous Êtes Vraiment. Car, de notre point de vue, Qui Vous Êtes Vraiment se trouve déjà *dans* le Vortex.

Chaque fois que vous savez ce que vous ne voulez *pas,* il existe en vous une conscience équivalente de ce que vous voulez *vraiment,* une conscience (à un certain niveau) qui parfois vous échappe, une conscience qui rayonne de vous, comme une fusée de désir, en direction de ce que nous nommons le *Vortex de Création. Votre* Vortex de Création. Ainsi, à mesure que ce désir, que vous avez forgé à partir de la vie que vous menez, s'approche « vibratoirement » de ce lieu vibratoire que nous appelons le Vortex de Création, *la* Loi de l'Attraction *(ce qui est semblable attire à soi ce qui lui ressemble)* en attire *tous les éléments coopérants.*

Chaque fois que vous vivez une émotion négative – ou chaque fois que votre expérience s'amenuise d'une manière ou d'une autre –, c'est parce que, sous votre forme physique, du fait de vos pensées physiques, vous n'êtes pas en alignement vibratoire avec la version élargie de vous-même. Nos méditations enregistrées sont donc conçues pour vous aider à atteindre l'alignement vibratoire avec *vous* et à être constamment l'Équivalent vibratoire de cette partie extrêmement dilatée de vous-même. Quand vous trouvez le moyen de ne plus résister à Qui Vous Êtes Devenu et que vous vous permettez d'en devenir l'Équivalent vibratoire, vous êtes dans le Vortex et vous prospérez.

Tout ce que nous enseignons, au fond, vise à vous aider à progresser vers des sentiments et des sensations plus agréables, mais nos enregistrements ont été spécialement conçus pour vous aider à comprendre le point suivant, très important : *chaque fois que vous vous efforcez de faire quelque chose, de toutes vos forces, en étant dans le besoin, la douleur, l'inquiétude, la colère ou la souffrance, c'est-à-dire hors du Vortex, il y a de fortes chances pour que vos tentatives, vos efforts, votre travail soient totalement contreproductifs, puisqu'ils ne font qu'amplifier le schéma hors Vortex que vous avez déjà activé.*

Si vous trouvez le moyen de changer votre vision pour vous retrouver dans le Vortex en alignement avec Qui Vous Êtes Vraiment, *puis que, de l'intérieur, vous réalisez 100 % de vos affirmations, vous aurez là un raccourci qu'il vaut la peine de prendre en considération. Et c'est justement ce dont traite notre CD de méditation. C'est la manière la plus rapide de vous défaire de vos résistances, dont certaines vous accompagnent depuis pratiquement toute votre vie. C'est une façon plus rapide de faire appel au bras de levier de l'Énergie qui crée le monde pour vous aider à passer de votre situation actuelle à l'état meilleur que vous lui préférez.*

À mesure que vous progresserez avec les différentes sections de cet enregistrement, vous constaterez qu'elles vous sont bénéfiques, où que vous commenciez. Nous vous recommandons, pour votre première écoute, de débuter par la section intitulée *Méditation : Bien-Être général*, puis de poursuivre dans l'ordre qui a été conçu pour vous, en passant à la section *Abondance financière*, puis *Bien-Être physique* et enfin *Relations*.

Si vous écoutez ces enregistrements dans cet ordre, durant la première semaine, puis que vous choisissez ce que vous voulez écouter durant les semaines suivantes, nous sommes absolument convaincus que le schéma vibratoire que vous avez développé jusqu'ici va progressivement changer et que votre point d'attraction va s'améliorer.

Rien ne vous est plus utile – et rien ne vous relie plus puissamment à la Source dont vous provenez – que votre respiration. En écoutant cet enregistrement dans un état de détente agréable – et en faisant l'effort modéré de respirer comme il est indiqué – votre corps physique va en profiter. Et si vous le faites régulièrement (tous les jours durant une semaine, par exemple), au moins pendant la durée de l'enregistrement, vous allez entrer dans le Vortex. Et nous savons également sans l'ombre d'un doute que, lorsque vous serez dans le Vortex – en parfait alignement avec Qui Vous Êtes Vraiment, tout en écoutant les paroles puissantes que nous vous soufflerons à l'oreille –, vous vous alignerez exactement sur la fréquence de votre Source. Et dans ces conditions, de *l'intérieur* de votre Vortex de Création, non seulement vous allez vous aligner sur votre Être, sur toute la clarté de vos intentions, sur le but de votre existence et sur la valeur qui est la vôtre, mais vous verrez que tout ce que vous avez demandé jusqu'ici aura désormais la *permission* de se manifester à vous. Ce sera donc un exercice extrêmement gratifiant.

La constance est chose précieuse. Si vous consacrez 15 minutes par jour à cet exercice, en portant des habits confortables, en vous asseyant dans un endroit agréable, en fermant les yeux et en vous concentrant sur votre respiration, tout en écoutant ces paroles destinées à concrétiser votre potentiel, une fois que vous serez lancé, vous redeviendrez Qui Vous Êtes.

Il y a ici beaucoup d'amour pour vous. Et, comme toujours, nous demeurons dans le Vortex.

Méditation

le Bien-Être général

1

Bienvenue au portail de votre Vortex.
Nous sommes ravis que vous ayez pris la décision de
venir. Il est bon de nous réunir dans le but
de cocréer et de vous aligner sur
Qui Vous Êtes Vraiment.

Même si ce Vortex dont nous parlons ne se trouve sur aucune carte physique et n'est signalé par aucun panneau, il n'en demeure pas moins une réalité. C'est votre Réalité vibratoire.

Vous pouvez savoir que vous êtes entré dans le Vortex ou que vous en êtes sorti à la qualité de vos sentiments. D'ailleurs, votre *système de guidance émotionnelle,* si personnel et précis, est la seule carte véritable, le seul poteau indicateur de votre Vortex.

Votre Vortex est un havre vibratoire dont les fréquences sont élevées et dépourvues de résistance. Voilà pourquoi il est si agréable d'y pénétrer. Et voilà aussi pourquoi nous sommes extrêmement heureux que vous ayez pris la décision d'écouter ceci.

Toutes les composantes coopérantes de l'expansion extrême de votre Être ont été réunies par la *Loi de l'Attraction* et sont disponibles

sous une forme atemporelle et non spatiale, à laquelle vous pouvez accéder, pour en faire usage, dans votre Vortex de Création.

Si vous voulez vous aussi devenir une composante coopérante de votre propre Vortex et de toutes les choses merveilleuses qui vous y attendent, vous devez devenir l'Équivalent vibratoire de votre Vortex. En d'autres termes, vous devez vous aussi avoir une fréquence élevée et être vous aussi dépourvu de résistance.

Chaque jour, à mesure que vous vous libérez de vos pensées de résistance – grâce à la puissance de ces méditations guidées –, votre fréquence vibratoire va s'élever et de nouveaux schémas vibratoires se développeront jusqu'à ce que, peu de temps après, votre penchant vibratoire naturel soit d'être à l'intérieur de votre Vortex. Alors, vous vivrez enfin la vie que vous aviez l'intention de vivre, en accédant à l'Énergie qui crée les mondes et en la canalisant vers vos propres créations, car vous êtes le créateur de votre propre réalité.

2

*Nous voulons que vous sachiez qu'en vous relaxant,
en respirant et en vous concentrant en douceur sur
ce que nous vous disons là, vous permettez à votre
Vibration de s'aligner en douceur sur la fréquence de
votre Source, qui se trouve à l'intérieur du Vortex.*

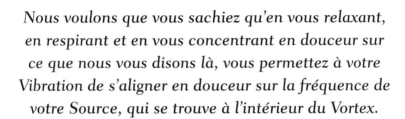

Aucune composante de votre conscience physique ne vous relie davantage à l'aspect non physique de votre Être que votre respiration.

Beaucoup de gens croient que la respiration ne concerne que votre nature physique, mais ce n'est pas le cas. *La respiration est bien davantage qu'une fonction essentielle de votre corps physique. Elle est en réalité la manifestation de l'Esprit jusqu'à vous et à travers vous.* Voilà pourquoi lorsque l'Esprit cesse de se concentrer à travers votre corps physique, votre respiration cesse elle aussi.

Quand vous êtes totalement aligné et dépourvu de résistance intérieure, l'absence de toute émotion négative indique que vous êtes en alignement parfait avec la Source.

Votre écoute va entraîner divers aspects bénéfiques pour vous, car en vous détendant au rythme de votre respiration parfaite, tout en écoutant ceci, la Vibration de votre Être physique va se soumettre en douceur à celle de votre Source, avec laquelle vous ne ferez plus qu'un, à l'intérieur du Vortex.

Au fil du temps, en vous concentrant sur votre respiration, tout en prêtant l'oreille à la perspective de la Source en arrière-plan, les pensées de résistance que vous avez adoptées en chemin disparaîtront et vous retrouverez votre alignement naturel sur la Source. Par la seule écoute de ces mots, dans cet état de relaxation et de permission qui est le vôtre, vous autoriserez votre fréquence vibratoire à s'accorder en douceur sur la fréquence de votre Source.

Le but de cet exercice n'est pas de faire des efforts ni d'essayer, mais simplement de lâcher prise et de permettre, de vous autoriser en douceur à être Qui Vous Êtes Vraiment.

3

Découvrez sans effort le rythme de votre corps :
faites de longues respirations profondes – inspirez
et expirez – tout en écoutant nos propos. Il n'est
pas nécessaire de vous concentrer et il n'y a rien à
mémoriser : détendez-vous, respirez et profitez-en.

La clé du bénéfice certain que vous procure cet enregistrement réside dans le fait qu'il vous distrait des pensées de résistance qui sont souvent présentes en vous. Votre attention première se focalisera sur le rythme subtil apporté par la musique, qui forme la base de cet enregistrement, permettant une libération de vos pensées et préoccupations habituelles, chargées de résistances.

À mesure que vous écoutez le rythme de la musique et que vous alignez petit à petit votre respiration dessus, votre corps se réjouit de découvrir une respiration optimale et un alignement non physique.

Faites une longue et pleine inspiration en comptant (1... 2... 3...), puis une longue et lente expiration en comptant (4... 5... 6... 7... 8...). Et, d'ici quelque temps, après avoir passé plusieurs jours à vous régéné-

rer ainsi, votre corps va se rappeler ce nouveau rythme, votre conscience respiratoire va progressivement redevenir inconsciente et votre corps physique se réjouira de cette expérience physique de détente agréable.

Puis, tandis que vous vous trouverez dans cet état d'être subtil et inconscient, les paroles entendues à l'arrière-plan émergeront avec une puissance nouvelle. Et dans cet état tranquille de non-résistance, vous éprouverez une résonance vibratoire avec la compréhension qui sous-tend ces paroles.

Il ne s'agira pas d'entendre puis de vous rappeler ces paroles, mais, en les écoutant, d'avoir simplement conscience que vous les *connaissez*.

Grâce à ce processus, vous allez acquérir une compréhension de première main de l'état de Bien-Être universel dans lequel vous vivez : un état où les efforts et les tentatives sont remplacés par la relaxation et la permission… un état où la valeur ne se mérite pas, mais s'accepte, tout simplement.

4

Vous êtes une extension de l'Énergie de la Source
non physique et vous êtes venu animé d'un but,
et avec beaucoup d'impatience. Il était dans votre
intention d'explorer l'équilibre de contrastes parfait
de la Terre, dans l'objectif de permettre à la vie
d'aller encore plus loin qu'avant.

Vous êtes un Être éternel, dont une part est actuellement concentrée dans le corps physique auquel vous vous identifiez, alors qu'en réalité votre personne et votre personnalité physiques ne sont qu'une fraction de Tout Ce Que Vous Êtes.

Nous aimons bien expliquer que *seule une partie de la conscience qui est véritablement Qui Vous Êtes Vraiment est actuellement concentrée dans la personnalité physique à laquelle vous vous identifiez,* afin que vous puissiez consciemment prendre en compte la partie la plus vaste de votre Être, qui demeure dans la dimension non physique.

Sitôt que vous vous rappelez que vous êtes une extension physique de l'Énergie de la Source, vous pouvez envisager de vous aligner sur votre contrepartie plus vaste, éternelle et non physique, et commencer à œuvrer dans ce sens.

Au moment de prendre la décision de vous concentrer dans cette réalité spatio-temporelle physique, vous saviez que ce serait une arène spectaculaire d'équilibre, de diversité et de contrastes parfaits.

Vous étiez impatient de découvrir toutes les occasions que vous promettait la Terre. Vous saviez que votre vécu ici-bas éveillerait en vous des préférences, des décisions et une expansion constantes.

Vous étiez également impatient de vous exposer à des expériences, à des gens et à des idées dont naîtraient par la suite vos propres préférences en matière de création.

Vous compreniez qu'il n'y a pas de compétition pour les ressources, mais seulement des occasions de donner naissance à vos propres idées, et vous compreniez aussi que sitôt qu'une idée a pris naissance, les moyens de la réaliser suivent immanquablement.

Vous voici maintenant ici, en tant qu'extension de l'Énergie de la Source, concentré dans cet environnement d'équilibre et de contraste parfaits, comme vous le souhaitiez, à pouvoir explorer, décider, préférer, créer et devenir.

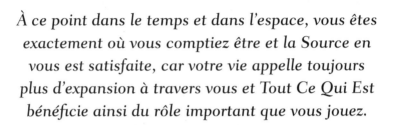

5

À ce point dans le temps et dans l'espace, vous êtes exactement où vous comptiez être et la Source en vous est satisfaite, car votre vie appelle toujours plus d'expansion à travers vous et Tout Ce Qui Est bénéficie ainsi du rôle important que vous jouez.

Chaque fois que la vie vous met face à une situation où une question toute nouvelle se forme en vous, vous entamez une nouvelle expansion. Et même lorsque la réponse à cette question semble inexistante, vous n'en êtes pas moins bien avancé sur votre chemin de développement personnel.

Lorsque vous vous retrouvez au beau milieu d'un problème, ou même de ce qui vous paraît être une crise, vous entamez aussi une nouvelle expansion. Et même si la solution à votre problème vous semble hors d'atteinte, ce n'est jamais le cas.

Chaque fois qu'une question ou un problème se manifeste dans votre vie, une réponse ou une solution équivalente se manifeste elle aussi.

Du point de vue non physique qui était le vôtre, au moment de prendre la décision de vous manifester dans un corps physique, vous compreniez parfaitement cet étonnant processus de création et d'expansion, et vous avez impatiemment émis l'intention de vous retrouver à cette époque-ci et en ce lieu. Vous vous réjouissiez à l'idée d'avoir tous ces rendez-vous avec d'autres créateurs et vous compreniez que vous seriez mutuellement les catalyseurs de votre joyeuse expansion.

À mesure que votre vie vous pose de nouvelles questions, elle vous en offre aussi les réponses, ce qui provoque une expansion. À mesure que votre vie vous met face à de nouveaux problèmes, elle vous en présente aussi les nouvelles solutions – ce qui provoque une expansion – et Tout Ce Qui Est profite ainsi de votre désir de vivre, d'explorer, d'envisager les choses… et de vous épanouir.

Du fait que la Source en vous est à ce point consciente de ce processus (et qu'elle comprend cette certitude d'obtenir des réponses et de trouver des solutions), elle apprécie joyeusement la moindre parcelle de votre exploration physique.

Grâce à ce processus, vous allez retrouver votre compréhension non physique et les problèmes cesseront alors d'être des problèmes ; vous les verrez pour ce qu'ils sont vraiment, à savoir des occasions pleines de vie de poursuivre éternellement votre expansion.

6

À mesure que vous vous relaxez et que vous respirez plus profondément, vous percevez l'appréciation en cet instant de la Source pour votre Être et pour votre monde physique, pour sa diversité, ainsi que pour le flot ininterrompu de désirs qui jaillit de vous.

La Source non physique dont vous provenez a toujours conscience de vous, elle se régale toujours de vous, elle vous aime toujours et a en permanence de l'appréciation pour le rôle important que vous jouez dans l'expansion de Tout Ce Qui Est. Le fait que vous n'ayez pas conscience de la Source en vous ne fait nullement obstacle à sa capacité à être consciente, elle, de *vous*.

Comme l'Énergie non physique de votre Source a toujours conscience de vous et se manifeste toujours à travers vous, toute perturbation de cette communication est toujours causée par vous, *par ce qui fait l'objet de votre attention à ce moment précis. Mais, jour après jour, à mesure que vous prêtez attention au rythme de la musique qui vous guide, à la cadence de votre respiration, aux sensations évoquées par ces mots, tous vos schémas de résistance, même les plus anciens, vont disparaître.*

Comme la résistance qu'ont fait apparaître vos pensées est la seule chose qui fasse obstacle à la fusion consciente entre vous et votre *Être Intérieur*, à mesure que cette résistance disparaîtra, votre perception consciente de votre relation à la Source émergera dans votre conscience.

Les sentiments que vous éprouvez, comme l'amour, l'appréciation, la passion ou la joie, ne signifient pas seulement que vous avez fusionné avec la Source en vous, mais vous indiquent aussi comment se sent la Source. Du fait de cette perspective d'amour que la Source cultive sans cesse, il existe toujours un signal vibratoire pour vous guider, sur lequel vous pouvez vous brancher.

Le simple fait de soustraire votre attention à toute pensée de résistance vous conduira à l'alignement sur l'Énergie pure et positive qui se trouve en votre centre. Alors, détendez-vous et respirez profondément, et permettez à votre alignement naturel de se faire.

7

*Avant de naître dans ce corps physique, vous
compreniez l'importance de cet univers contrasté
qui existe sur Terre. Vous y êtes venu avec
impatience pour explorer toute la variété et jouir de
toute l'expansion que vous ne manqueriez pas de
provoquer, comme vous le saviez.*

De votre point de vue physique, vous comprenez tout l'attrait que présente l'éventail de choix et d'occasions, quand il vous faut choisir votre nourriture, vos vêtements, votre voiture, votre maison, vos relations… Vous savez que plus vous disposez d'options, plus votre expérience sera satisfaisante, car cela vous permet d'avoir une créativité encore plus détaillée.

De votre point de vue non physique, vous manifestez une appréciation encore plus grande pour toute cette variété et ces contrastes, car non seulement les contrastes permettent de faire des choix plus satisfaisants, mais ils forment la base de toute nouvelle création.

Il y a bien davantage en jeu que la simple observation de la diversité offerte, comme dans un buffet, et de la sélection de tel ou tel plat pour créer une assiette satisfaisante. Il s'agit plutôt de la compréhension hautement satisfaisante que les choix disponibles vont continuer de produire une pléthore de nouveaux choix. La dynamique de la création est enivrante et source de vie.

Fort de cette compréhension qui est la vôtre du processus créatif et du rôle important que vous jouez dans l'expansion de Tout Ce Qui Est, vous vous êtes manifesté avec impatience dans cet espace-temps. Vous aviez hâte d'explorer les options qu'avaient créées ceux qui sont venus avant vous. Vous aviez hâte de les explorer, de les observer, de les évaluer et de décider. Mais cette hâte qui était la vôtre ne concernait pas seulement le désir d'observer les composantes existantes déjà créées avant votre arrivée. Vous étiez surtout impatient de pouvoir manifester votre propre créativité, après avoir digéré ce qui était déjà là et découvert vos propres nouveaux désirs... *Être aux confins de la pensée et de la création : voilà quel était votre objectif.*

8

Votre vie est censée être agréable,
puisque vous l'avez délibérément choisie comme
plateforme à partir de laquelle plus de choses vont
se manifester. L'appréciation de la Source à votre
égard, qui est sans fin, vous enveloppera
d'un chaud duvet de reconnaissance,
si vous le permettez.

Au moment d'entamer cette expérience physique, vous compreniez que la base de l'Univers – tant physique que non physique – est formée d'un Bien-Être absolu.

Vous ne vous préoccupiez pas de l'existence de choses indésirables, puisque vous compreniez l'importance des contrastes et de la variété, et que vous saviez que naîtraient précisément de cette variété d'autres créations merveilleuses.

Vous saviez que vous vous concentreriez sur la nouvelle création qui résulterait de cette diversité et, par conséquent, que les contrastes qui engendraient cette expansion sont une bonne chose.

C'est l'observation et le tri des détails de ce que l'on veut ou ne veut pas qui donnent naissance à de nouvelles fusées de désir. Et quand vous

êtes capable de faire passer rapidement votre attention des aspects inadéquats ou indésirables de ce que vous observez à de nouvelles idées de création, issues précisément de ces observations, vous êtes sur la même longueur d'onde vibratoire que la Source en vous, qui se réjouit toujours des toutes dernières créations.

En reportant votre attention personnelle sur la nouvelle idée qui vient d'être lancée, vous avez fusionné avec la perspective la plus avancée de la Source, et vous faites alors un avec Qui Vous Êtes Vraiment et avec Tout Ce Que Vous Êtes Devenu.

Lorsque aucune résistance vibratoire ne fait obstacle à la communication entre vous et votre Source, vous éprouvez un sentiment viscéral et tactile de votre alignement vibratoire sur la Source en vous. Et si les mots se révèlent incapables de décrire cette sensation physique, chaque cellule de votre corps vous confirmera cet alignement sur la Source, à l'intérieur du Vortex.

9

*Votre vie vous sert bien et vous fournit la base de
votre expansion, comme vous saviez que ce serait
le cas quand vous avez décidé de venir ici, car vous
avez tiré d'innombrables fusées de désir dans votre
Vortex de Création, et les nombreux apports que vous
y faites seront toujours agréables.*

Chaque jour, à longueur de journée, les contrastes – à des degrés divers – vous poussent à tirer des fusées de désir dans votre Vortex de Création. Parfois, ces contrastes sont tels que vous allez apparemment émettre de très grandes requêtes, alors qu'à d'autres moments ces fusées ne semblent être que des amendements à certaines intentions précédentes. Ainsi, votre expansion se poursuit sans cesse, car vous ne cessez de tirer des fusées… et parce que les contrastes ne disparaissent jamais.

Chaque fois qu'un nouveau désir naît de ces contrastes, la Source connaît la sensation agréable de se dilater, car elle ne fait jamais obstacle à une nouvelle expansion, et par conséquent, elle vit cette expansion immédiatement.

Le but de ces enregistrements est de vous aider à vous libérer progressivement et en douceur de vos vieilles résistances, ce qui vous permettra d'entrer fréquemment dans votre Vortex.

Chaque fois que vous vous autoriserez cette entrée dans votre Vortex, vous vous sentirez bien, vous serez aligné sur votre propre expansion, car c'est ce qui se produit chaque fois qu'on y pénètre.

Ainsi, les contrastes qui vous entourent assureront toujours votre expansion, et la Source en vous se concentrera toujours sur cette expansion. Et en abandonnant vos pensées déplaisantes, vous parviendrez à entrer dans votre Vortex, où vous deviendrez vous-même une composante coopérante des désirs qui sont les vôtres.

En vous libérant progressivement et en douceur de vos résistances, et en pénétrant de plus en plus souvent dans votre Vortex agréable, non seulement vous aurez de plus en plus de facilité à y rester plus longtemps, mais il sera également infiniment plus facile pour vous d'y revenir.

Il n'est pas de sensation physique plus agréable que celle que vous éprouvez lorsque vous permettez votre alignement vibratoire sur votre Source et sur votre propre expansion.

10

De l'intérieur de votre Vortex, les choses vous satisfont et vous réjouissent, vous vous sentez fringant et épanoui et vous avez hâte d'en découvrir davantage. À chaque nouvelle découverte – et dans chaque nouvel endroit où vous allez –, le sentiment dilatant d'en avoir toujours plus continue de vous habiter et de vous régénérer.

Quand vous êtes à l'extérieur de votre Vortex de Création et que vous vous concentrez sur des choses indésirables, les idées équivalentes de ce que vous désirez *vraiment* se clarifient. La conscience que vous avez de ce que vous ne voulez *pas* engendre la version vibratoire de ce que vous désirez *vraiment,* mais vous n'avez pas accès à cette version désirée tant que vous êtes à l'extérieur de votre Vortex. En d'autres termes, l'attention que vous prêtez aux détails de votre buffet actuel de composants donne naissance à d'autres composants, mais vous n'avez pas accès à ces choix-là en ce moment. Par contre, quand vous êtes dans votre Vortex, tous les bons sentiments, tous ces choix nouvellement créés sont désormais disponibles. Autrement dit, quand vous êtes à l'*intérieur* de votre Vortex, vous pouvez choisir parmi tout ce que la vie a de meilleur à vous offrir.

Donc, tout en souhaitant que vous perceviez les bienfaits que vous procurent les contrastes (peu importe votre situation actuelle), nous tenons à ce que vous sachiez qu'il n'est pas nécessaire de connaître une quelconque forme d'inconfort pour pouvoir bénéficier d'une expansion. Vous pourriez rester en permanence à l'intérieur de votre Vortex et jouir d'une infinité de choix pour créer votre réalité en évolution.

Lorsque vous vous servez au buffet très agréable qui se trouve à l'intérieur de votre Vortex, vous élaborez également de nouveaux composants, de nouvelles possibilités, de nouvelles idées et une nouvelle expansion. Et non seulement vous créez ainsi de nouveaux composants qui vont pouvoir s'insérer dans votre vie, mais vous développez également une nouvelle perspective à partir de laquelle vous allez en profiter. Résultat : plus de découvertes, plus de relations, plus de combinaisons, plus d'aventures, plus de conscience, plus de désirs, plus d'appréciation…

C'est toujours ce qui est nouveau qui vous régénère… C'est dans ce qui est neuf que demeure la Source, émettant un signal d'amour et de joie qui vous appelle sans cesse vers votre expansion infinie. Vers plus de tout*!*

11

Votre monde se dilate progressivement, il croît
régulièrement et se régénère tout en trouvant
l'équilibre à chaque étape du chemin. Le Bien-Être
est la composante fondamentale de Tout Ce Qui Est,
de l'Univers et de la planète physique sur laquelle
vous vous trouvez maintenant.

Votre planète tourne sur son orbite, à proximité d'autres planètes, en une danse stable et parfaite, car elle cherche et trouve sans cesse l'équilibre.

Comme tous les Êtres vivants, votre Terre ne cesse de changer et de se dilater. Sans quoi, elle cesserait d'exister.

La stabilité de votre Terre est possible parce que ce changement et son expansion ne dépassent pas sa capacité à trouver l'équilibre. Ce ne sont pas seulement la taille de la Terre et les lois de la physique qui lui permettent d'absorber le choc de n'importe quel changement, mais également la nature vibratoire du Bien-Être de la Terre.

Il est possible que votre planète vous semble être une sphère géologique de pierre, de terre et d'eau, maintenues ensemble par la force

de gravité, mais elle est bien davantage que cela, car au sein de chaque particule de substance terrestre se trouve une Conscience vibratoire qui recherche son équilibre individuel, une Conscience qui s'aligne sur la vision non physique plus vaste de l'avenir de la Terre.

De la même manière qu'un grand navire, équipé de stabilisateurs modernes, navigue sans être affecté par les flots agités, alors que les bateaux d'autrefois, moins bien conçus, étaient secoués de toutes parts, l'évolution de votre planète a assuré jusqu'ici sa stabilité. Votre planète n'est pas en train de perdre une part de sa stabilité.

Même si les habitants humains de la planète Terre se trouvent fréquemment en dehors de leur Vortex, dans un état de résistance à leur Bien-Être personnel, la Conscience prédominante de votre planète (dans le sol, dans l'eau, dans la flore et la faune) parvient de plus en plus à trouver l'équilibre à chaque étape du chemin.

Au fil du temps, à mesure que vous vous détendrez et que vous respirerez jusqu'à vous aligner sur votre Source, vous parviendrez à percevoir le pouls vibratoire dominant du Bien-Être qui imprègne toute votre Terre et tout ce qui s'y trouve. Le Bien-Être est le fondement de tout ce qui est.

12

Votre monde magnifique est éternellement lié au rythme régulier du Bien-Être, en son centre, et il en va de même pour vous. À mesure que vous vous relaxez et que vous vous régénérez, en vous libérant de toute résistance par la respiration, vous découvrez le rythme équilibré de votre Source.

Dans votre corps physique, vous êtes une extension de l'Énergie de la Source, et votre planète physique est elle aussi une extension de l'Énergie de la Source.

Vous possédez une contrepartie non physique, à laquelle nous donnons le nom d'*Être Intérieur*, et votre planète possède elle aussi un *Être Intérieur*. Chaque particule de votre monde physique possède également une Source non physique dont elle provient, ainsi qu'une version vibratoire supérieure d'elle-même qui l'attire vers l'avant.

Cette version vibratoire de ce que vous pourriez considérer comme votre futur physique préserve un rythme régulier de Bien-Être pour vous dans votre Vortex.

De la même manière que l'extrême diversité de composants vibratoires qui constituent votre Terre en assure la stabilité, les milliards de cellules qui forment votre corps physique font de même pour vous. C'est ce qui explique l'extraordinaire résilience de votre corps physique.

La Conscience illimitée des particules qui constituent votre immense planète ne perd jamais, quelles que soient les conditions, son alignement sur l'Énergie de sa Source. La Vibration fondamentale de Bien-Être est tellement significative qu'aucun écart d'elle ne survient.

À mesure que vous mettrez en œuvre ce processus, l'habitude que vous aviez de vous faire du souci, de vous inquiéter, d'être frustré, submergé ou en colère finira par cesser, ce qui permettra à votre noyau cellulaire fondamental de se frayer un chemin jusqu'à votre équilibre vibratoire naturel. Jour après jour, plus vous vous relaxerez et plus vous respirerez, plus votre Bien-Être naturel dominera en vous, jusqu'à ce que vous ayez établi en vous une base inébranlable. Votre alignement régulier sur l'Énergie du Bien-Être vous permettra finalement de voir votre monde avec les yeux de la Source, et vous vous sentirez alors comme au moment où vous avez pris la décision de vous manifester dans votre corps physique : satisfait de tout ce qui est *et impatient d'en découvrir davantage !*

13

Prenez les choses avec aisance dans la vie,
et percevez combien nous apprécions Qui Vous
Êtes, tout en laissant des choses merveilleuses se
manifester naturellement pour vous. À mesure que
vous vous détendez en prenant appui sur nos paroles,
ancrées dans la Loi, toutes les résistances que vous
avez rencontrées sur votre chemin
physique disparaissent.

Du fait de votre ajustement quotidien sur la fréquence de votre Source, tout ce que vous entreprenez dans votre vie sera positivement affecté par cette décision.

Prenez les choses avec aisance dans la vie, et libérez-vous des luttes et des préoccupations. N'essayez plus de *déclencher* les choses. Arrêtez de vouloir contrôler les circonstances et les gens. Arrêtez de vous en vouloir. Arrêtez de mesurer vos progrès. Et quand vous vous surprenez à agir de l'une ou l'autre de ces manières-là, rappelez-vous simplement que vous vous occupez de tout ce qui doit l'être au cours de ces séances d'ajustement quotidien auxquelles vous participez désormais.

Puis, *détendez*-vous, *respirez*, *souriez* et donnez la *permission* aux choses d'arriver.

Vous ne tarderez pas à prendre conscience que ce sont toujours vos luttes et vos préoccupations – et vos tentatives impossibles de tout vouloir contrôler – qui ont maintenu des choses indésirables dans votre vie. Lorsqu'on résiste moins, qu'on permet davantage, les choses indésirables ne peuvent subsister.

Vous ne tarderez pas à voir se manifester toute une série de choses désirables dans votre vie, avec la même facilité et la même fluidité que l'eau qui descend une pente. Vous découvrirez combien il est simple et agréable de faire la récolte des désirs que vous avez déjà semés dans votre Vortex, quand vous demeurerez de manière constante à l'intérieur de ce Vortex.

Quand vous résiderez constamment à l'intérieur de lui, votre Vortex vous enseignera que le meilleur *effort* que vous puissiez faire est d'abandonner toute résistance pour simplement vous *permettre* d'y entrer. Car, à l'intérieur de votre Vortex, vos pensées seront claires, faciles et précises, votre corps physique sera stable, votre tonus, élevé et vos interactions avec autrui se produiront au moment propice.

Au début, vous serez surpris par le peu d'efforts qu'il vous faudra pour vous brancher sur l'Énergie qui crée les mondes, mais aussi de constater que votre véritable pouvoir est dans l'absence de lutte.

14

À mesure que vous écoutez nos paroles et que vous vous rappelez Qui Vous Êtes, vous redécouvrez vos schémas vibratoires naturels de Bien-Être. Chaque jour, vous aurez plus de clarté, plus de tonus et plus de joyeuse impatience. Chaque jour, vous vous rappellerez Qui Vous Êtes et pourquoi vous êtes venu ici.

C'est progressivement que vous avez adopté une résistance vibratoire au Bien-Être, en avançant sur votre chemin physique, de sorte que la libération de ces résistances sera progressive elle aussi.

Ce chemin toujours plus agréable vers la liberté et l'absence de résistance est progressif, et chaque nouveau jour sera encore plus productif que le précédent. Par conséquent, l'écoute régulière de nos enregistrements est d'une très grande valeur pour vous.

Si vous prenez la décision d'avoir pour seule et unique intention consciente de rester concentré sur votre respiration, plusieurs bienfaits naturels pourront se manifester au cours du premier mois de cette pratique de méditation quotidienne. Au cours de l'écoute des premières sections de cet enregistrement, il sera normal que votre esprit se détourne de votre respiration et se reporte sur un autre aspect « vibratoirement » actif de votre existence. Il se peut même que les paroles que nous prononçons sur cet enregistrement stimulent certaines pensées de résistance en vous. Mais au bout de quelques jours de relaxation et de respiration, vous ressentirez l'aisance d'un esprit plus calme, et le seul fait de respirer vous semblera bénéfique et attirant.

Grâce à votre volonté de vous concentrer sur votre respiration et, ce faisant, de désactiver vos pensées de résistance, les paroles de cet enregistrement vont passer au premier plan et vous allez progressivement prendre conscience de toute leur puissance. Non pas que ces mots deviendront plus clairs, mais la perception que vous en aurez se clarifiera.

Chaque jour, vous aurez plus de clarté, plus de facilité, plus de joyeuse impatience, plus de conscience, plus de vitalité, plus de tonus, plus de joie, plus d'intérêt, plus de moments propices et davantage de rendez-vous harmonieux avec des idées, des circonstances, des événements et d'autres personnes. Chaque jour, vous atteindrez un plus grand alignement vibratoire sur votre état naturel de Bien-Être.

15

*Votre Source est pleinement consciente de vous
en cet instant, et éprouve pour Qui Vous Êtes une
appréciation indicible. Votre vie est censée être
agréable et vous êtes destiné à connaître le bonheur
dans la vie, et à pouvoir réaliser vos rêves.*

La Source qui est en vous est toujours pleinement consciente de vous, même si vous-même n'êtes pas pleinement conscient d'elle. Et de même que ce ne sont pas nos propos sur cet enregistrement qui changent et se clarifient, mais plutôt votre réception qui évolue et permet cette clarté, vous allez progressivement atteindre une reconnaissance plus claire de votre relation avec votre Source.

Si vous n'êtes pas en état d'alignement avec l'amour que la Source envoie vers vous, on peut croire que cet amour n'est pas vraiment là, alors qu'en fait il y est toujours. Il ne suffit pas d'être aimé par quelqu'un d'autre. Vous devez être l'Équivalent vibratoire de cet amour pour faire l'expérience d'être aimé.

Pour atteindre votre état naturel d'amour et d'appréciation, vous n'avez pas besoin d'avoir des objets aimables sur lesquels fixer votre

attention ; il suffit d'être dépourvu de toute résistance, puisque c'est la seule chose qui puisse bloquer ou réduire au silence votre état naturel d'amour, d'appréciation et de Bien-Être.

En l'absence de pensées de résistance, votre Vibration retrouve son état naturel de puissance, de clarté et d'amour. En l'absence de pensées de résistance, votre véritable nature de résilience, de plénitude et de vitalité vous revient. En l'absence de pensées de résistance, votre vraie nature d'impatience, de joie et d'amusement vous revient.

Ce n'est pas par l'effort, les luttes et les tentatives qu'on se libère de ses résistances, mais plutôt par la distraction, le fait de lâcher prise et la relaxation.

Notre enregistrement est porteur d'une formule vibratoire parfaite pour que vous vous libériez du seul obstacle à tout ce que vous désirez. Si vous le permettez, elle vous guidera progressivement et en douceur vers la permission de tout ce que vous demandez.

Votre vie est censée être agréable et vous êtes là pour réaliser vos rêves. Il n'y a rien de plus gratifiant que l'alignement délibéré sur ce dont vous avez rêvé.

16

Vous vous en sortez très bien. Le Bien-Être auquel vous aspirez se déverse sur vous. Détendez-vous et appréciez le déploiement des choses : appréciez Ce Qui Est et soyez impatient de ce qui arrive…
Il y a beaucoup d'amour ici pour vous.

Et, comme toujours, nous demeurons dans le Vortex.

Vous connaîtrez des sentiments de soulagement toujours plus intenses, à mesure que vous laisserez votre résistance se dissoudre, tout comme vous êtes soulagé de boire quand vous avez soif, ou de manger quand vous avez faim.

La nature éternelle de votre Être et cette magnifique plateforme d'expansion sur laquelle vous vous trouvez entretiendront en vous une quête ou une soif constante d'une telle expansion, avec une satisfaction infinie devant vous.

Les contrastes parfaits de votre réalité spatiotemporelle continueront de stimuler votre soif, tout en vous promettant la satisfaction de chacun des désirs qu'ils vous inspirent.

Que vous soyez concentré sur ces contrastes en cet instant – et ainsi, en train de *demander* plus de choses – ou que vous soyez plutôt concentré sur votre respiration et en état de *permettre* à ce que vous avez demandé de se manifester, tout cela fait partie du même processus, et tout se trouve sur votre chemin.

Plus votre question gagnera en clarté, plus votre réponse aussi. Plus votre problème sera focalisé, plus votre solution le sera elle aussi. Notre enregistrement vous aidera à être en résonnance avec la solution. L'écoute répétée de ces enregistrements permettra à vos problèmes de passer à l'arrière-plan et aux solutions de se présenter sur le devant de la scène.

Au fil du temps, l'appréciation dont vous ferez preuve envers la question équivaudra à celle que vous aurez pour la réponse, et votre appréciation du problème correspondra à celle de la solution. Et dans cet état nouvellement acquis d'aisance avec Ce Qui Est, *vous parviendrez à permettre ce que vous désirez vraiment. Alors, toutes sortes de composantes créatives se révéleront à vous en une danse cocréative délicieuse de Création Délibérée.*

Méditation

l'abondance financière

1

Nous allons nous mettre quelques instants à votre place et vous dire des choses qui vous seront très utiles. Car nous voulons vous aider à trouver la posture vibratoire qui permettra à l'abondance financière de se manifester dans votre vie personnelle.

Parfois, bien que vous demandiez la réalisation d'un désir précis, vous n'approchez pas de sa satisfaction ; vous vous en éloignez, au contraire. Et même si vous croyez *demander* ce que vous voulez, votre demande part de votre *conscience de son absence*.

En général, vous vous sentez découragé quand il s'écoule beaucoup de temps sans que les résultats du désir sur lequel vous «travaillez» se matérialisent. Nous voulons vous aider à comprendre que vous ne pouvez tout simplement pas vous y prendre comme cela : *vous ne pouvez pas demander quelque chose tant que vous êtes cruellement conscient de son absence.*

Plutôt que de dire «Je désire plus d'argent», dites «Je veux *ressentir* mon Bien-Être financier». Car, voyez-vous, il est possible d'*éprouver* un sentiment de Bien-Être financier accru, avant même que l'argent

arrive. Alors que quand vous êtes concentré sur votre *désir* d'argent, en prenant note de son *absence,* vous mettez «vibratoirement» votre propre but en échec.

Au lieu de dire «Je veux (ou j'ai besoin de) une nouvelle voiture», dites plutôt «J'aime le *sentiment* de Bien-Être qui va de pair avec la conduite d'une nouvelle voiture», car vous pouvez ressentir ce sentiment-là avant même de piloter ce véhicule. Dès l'instant où ce *sentiment* vous habite régulièrement, cette nouvelle voiture, et toutes les nombreuses choses qui vont de pair avec votre sentiment de sécurité, se manifesteront à vous.

À mesure que vous laisserez les propos de notre enregistrement, fondés sur la Loi, résonner à l'arrière-plan de votre esprit, votre résistance à votre Bien-Être se fera moindre, et vous lui permettrez de se manifester davantage. Il vous suffit de vous rappeler que les preuves d'amélioration de votre capacité à permettre se manifesteront d'abord sous la forme d'émotions agréables, et non par le biais d'une nouvelle voiture ou de l'argent. Mais tôt ou tard, ceux-ci se manifesteront aussi.

2

*Le cours de l'abondance s'écoule généreusement –
et il est juste – et il est temps que vous en touchiez
votre part. Ce ne sera pas difficile et cela ne prendra
guère de temps, car vous avez déjà parcouru une
bonne part du chemin.*

Il est temps que l'abondance financière à laquelle vous aspirez se manifeste dans votre vie, non pas parce que vous en l'avez méritée par vos efforts et votre constance, mais parce que vous comprenez que ce n'est justement pas cela qui la déclenche, mais l'alignement vibratoire sur l'abondance.

En raison de la vie que vous avez vécue et des contrastes parmi lesquels vous avez fait des choix, vous avez planté et cultivé de nombreux champs d'abondance qui sont désormais prêts à être récoltés pour votre plaisir. Il ne s'agit ni de gagner ni de mériter, mais bien de comprendre et de s'aligner sur le Bien-Être auquel vous aspirez.

Le cours de l'abondance n'est pas un volume quantifiable qu'il faut proportionner avec justesse jusqu'à ce que ses limites aient été atteintes, car il n'y a pas de limites à cette abondance, ni à ceux qui boivent de ce courant. Le cours de l'abondance augmente proportionnellement aux demandes toujours plus nombreuses qui lui sont faites, et non seulement il les satisfait toutes, mais il augmente du fait même de ces demandes.

Comme cela fait un certain temps que vos demandes sont en devenir, et comme le Cours de l'abondance s'est accru pour répondre à ces demandes, votre seul travail consiste désormais à vous aligner «vibratoirement» sur vos demandes afin de connaître la satisfaction totale de leur matérialisation certaine.

La durée qui s'écoulera entre maintenant et la manifestation de votre désir correspondra exactement au temps qu'il faudra pour remplacer l'angoisse par l'aisance.

Nous nous attendons à ce que – grâce à votre utilisation quotidienne de nos enregistrements – vos résistances se dissipent, à ce que vous commenciez à vous sentir de mieux en mieux et que votre relation à l'abondance financière que vous désirez s'améliore… chose que vous n'aurez aucune difficulté à réaliser.

3

*Les mots que vous écoutez sont chargés de pouvoir :
avec le temps, vos résistances vont s'atténuer et vous
parviendrez à permettre. À mesure que la permission
remplacera la résistance – et la croyance, le doute –,
votre abondance deviendra évidente.*

Bien que nous ayons parfaitement conscience de l'abondance financière qui vous attend, il nous est impossible de vous transférer cette connaissance, même en vous offrant ces paroles puissantes qui reflètent notre savoir.

Voilà pourquoi le changement vibratoire qui se fera en vous, à mesure que vous nous écoutez, ne sera pas en raison de la puissance de nos propos ni à la vérité de notre message, mais à *votre* propre changement vibratoire.

De votre perspective humaine, vous croyez souvent qu'il faut travailler dur pour surmonter les obstacles, combler les carences ou encore résoudre les problèmes qui vous attendent, mais souvent, le fait même d'adopter cette attitude ou cette approche vous fait œuvrer contre vous-

même. *L'attention que vous prêtez aux obstacles les renforce et ils empirent, l'attention que vous prêtez aux carences les aggrave et les prolonge, et l'attention prêtée à un problème empêche sa résolution immédiate.*

À mesure que vous écoutez notre enregistrement, en prêtant attention à votre respiration et au rythme naturel de votre corps, toute activation vibratoire problématique va tout simplement s'interrompre. Et, en l'absence de ce genre de résistance, votre Vibration va tout naturellement augmenter jusqu'à s'aligner sur la Vibration supérieure des solutions mêmes que vous recherchez.

En l'absence de recherche, en l'absence de doute, en l'absence d'obstacles, de carences et de problèmes, il y aura des solutions, et l'abondance que vous souhaitez viendra. Et la preuve de votre changement vibratoire sera évidente à double titre : d'abord, vous vous sentirez mieux, puis la preuve physique de votre amélioration financière commencera à se déverser sur vous dans tout un éventail de directions.

4

Nos paroles vous aideront à changer vos sentiments par rapport à l'argent : l'inquiétude et les soucis feront place à une joyeuse impatience doublée d'amusement. Quand ce changement émotionnel aura eu lieu, des manifestations financières immédiates en apporteront la preuve.

Au bout de quelques jours seulement d'écoute de nos enregistrements – avec détente et respiration –, la diminution de votre résistance se révélera à vous par l'abandon des tensions de votre corps. Non seulement vous serez plus à l'aise, mais vous connaîtrez aussi une plus grande compréhension et une plus grande vigueur physique.

À mesure que votre résistance s'atténuera et que vous serez plus aligné, vous allez vous sentir en parfaite résonance avec les mots que vous entendez. Il est très agréable de constater que les mots que vous enten-diez et compreniez de manière logique et intellectuelle vous apportent soudain une compréhension doublée d'une résonance émotionnelle.

Vous pouvez soudain ressentir des frissons ou la chair de poule dans tout le corps, qui prouveront l'alignement vibratoire que vous avez atteint. Et lorsque ce changement vibratoire sera fait, vous aurez l'impression de quitter une petite pièce obscure pour sortir à la magnifique lumière du jour, où la *confusion* cède la place à la *clarté*, et l'*incertitude*, au *savoir*.

Une fois que ce changement vibratoire sera achevé, toutes sortes de preuves vous en seront données :

- Des idées agréables vous viendront de toute part, en abondance.
- Des sujets d'interrogation vous deviendront subitement plus clairs.
- Des choses que vous aviez l'intention de faire se présenteront à vous d'une manière évidente et facile à mettre en œuvre.
- Des problèmes qui paraissaient vous résister sembleront se résoudre d'eux-mêmes, sans effort personnel.
- De l'argent et des occasions se présenteront à vous de manières surprenantes et inattendues.

5

*Si nous parvenons à vous convaincre que le chemin
de l'abondance financière n'est qu'un chemin
émotionnel, alors, à chaque écoute de nos propos,
vous rejetterez davantage de résistance et vos
sentiments s'amélioreront.*

Nous souhaitons que vous abordiez cette méditation quotidienne de 15 minutes comme un moment de détente et de régénération, plutôt que comme un moment d'étude et d'apprentissage.

La conscience de votre respiration sera la clé de la libération de vos résistances et de l'élévation de votre Vibration. Alors, les mots que nous prononçons seront entendus par vous d'une manière à la fois nouvelle et profonde.

Il existe une grande différence entre *entendre* une réponse et la *comprendre*. Il y a de nombreuses personnes hors du Vortex qui entendent ces mots, mais seules celles qui se trouvent dedans les comprennent vraiment.

Nous voulons que vous compreniez que le véritable chemin vers l'abondance et la liberté financière n'est pas un parcours actif, mais un cheminement émotionnel.

Votre véritable pouvoir découle de l'effet de levier de votre alignement, et non de vos actes. Et s'il est certain que beaucoup d'action entrera en jeu, ce seront des actions agréables inspirées par votre alignement sur votre Vortex.

Donc, le chemin qui conduit à une abondance financière certaine et à la liberté financière est celui-ci :

- *Consacrez 15 minutes par jour à ce processus.*

- *Concentrez votre attention sur votre respiration, du mieux que vous pouvez.*

- *Appréciez la sensation de respirer. Appréciez la synchronisation de votre souffle et de la musique.*

- *Sentez votre respiration devenir plus facile.*

- *Ressentez les bienfaits de la respiration.*

- *Appréciez la sensation physique des résistances qui s'amenuisent et de la permission d'accéder à votre Vortex.*

6

Votre travail ne consiste pas à agir. Il n'y a pas de cours à suivre. Il n'y a aucune exigence à satisfaire : il ne s'agit que d'une découverte progressive et agréable de votre état naturel de soulagement, de facilité et de Bien-Être.

Forts de la connaissance que votre véritable pouvoir ne résulte pas de vos actions physiques, mais de votre *alignement vibratoire,* nous vous offrons ces propos. Votre puissance véritable et votre force de levier découlent de votre alignement sur vos intentions et vos désirs. Vous ne pouvez les atteindre lorsqu'une résistance vibratoire est présente en vous.

La plupart des gens s'alignent rarement sur leur véritable pouvoir, car il leur semble illogique que la relaxation, le relâchement, l'amour, la joie ou la félicité offrent un tel pouvoir. La majorité des gens n'ont pas conscience que leur puissance véritable découle de l'abandon de toute résistance, puisque c'est le seul obstacle à ce pouvoir.

Bon nombre de gens ne s'attendent pas à ce que leur cheminement jusqu'à l'abondance soit facile et joyeux. On leur a enseigné qu'il fallait se battre, lutter et se sacrifier pour obtenir cette récompense qu'est l'abondance. La majorité ne comprend pas que le fait même de se battre, pour atteindre le succès, agit en réalité *contre* eux.

On vous a enseigné tant de choses qui sont contraires aux puissantes Lois de l'Univers *que vous avez du mal à* penser *autrement. Voilà pourquoi nous vous présentons cette voie de moindre résistance.*

Nous voulons que vous *respiriez* au lieu *d'essayer,* que vous vous *relaxiez* au lieu de faire des *efforts,* que vous *souriiez* au lieu de vous *battre,* que vous *soyez* au lieu de *faire.*

Car nous savons qu'en prêtant attention à la musique, à votre respiration et aussi à nos paroles (en découvrant la véritable résonance de leur signification), vous allez à nouveau revendiquer votre véritable alignement sur l'abondance que vous souhaitez et méritez.

C'est de l'intérieur du Vortex que vous connaîtrez votre véritable pouvoir.

7

*Quand quelqu'un d'autre gagne, vous ne
perdez jamais rien, car l'abondance s'élargit
proportionnellement pour satisfaire tous les désirs.
Quand le succès d'autrui fait chanter votre cœur,
votre résistance disparaît et votre propre
succès décolle.*

Beaucoup de gens croient qu'il n'y a pas assez de ressources pour tout le monde, puisqu'ils ressentent le manque d'une chose désirée. Mais cette carence ne vient pas du fait qu'il n'y en a pas assez pour tout le monde ; c'est plutôt que ces gens se sont « vibratoirement » coupés des ressources d'abondance.

Nombreux sont ceux qui croient qu'il existe une limite financière quantifiable, plutôt restreinte, qui diminue à mesure que chacun prend sa part. Aussi éprouvent-ils de la jalousie et condamnent-ils les autres de prendre plus que leur part. Ils se sentent également coupables lorsqu'*eux-mêmes* prennent plus que *leur* juste part.

Nous voulons donc que vous compreniez que l'abondance augmente proportionnellement aux désirs exprimés et qu'il existe une immense abondance

inexploitée, qui n'est pas encore permise, car les humains eux-mêmes ne l'ont pas créée. Lorsque la vie éveille en vous un désir précis, les moyens de satisfaire ce désir sont créés simultanément, mais vous devez être sur la même longueur d'onde vibratoire que votre désir pour discerner le chemin qui conduit à sa satisfaction.

La croyance au *manque* ou aux *carences* vous empêche de découvrir le chemin vers votre propre création, et tout sentiment de résistance indique que vous êtes sur le mauvais chemin vibratoire. Toutefois, si vous comprenez l'*abondance* infinie de l'Univers, vous vous réjouirez de voir quelqu'un d'autre s'aligner dessus, puisque sa réussite ne diminue en rien la vôtre, mais ne peut qu'y contribuer.

En vous concentrant sur votre respiration, sur la musique et les paroles de cet enregistrement, vous désactiverez vos résistances habituelles à l'abondance et vous découvrirez les sentiments agréables qui accompagnent une attente positive et le succès. Alors, la manifestation de ce succès ne pourra qu'advenir. Telle est la Loi !

8

La façon la plus rapide d'améliorer votre situation financière consiste à repérer les choses agréables que vous possédez déjà. Car en cherchant et en trouvant ce qui fonctionne déjà, vous attirerez à vous davantage de succès, et ce, rapidement.

L'amélioration de votre état émotionnel ne durera pas seulement les 15 minutes de cette méditation guidée, mais elle s'étendra à de nombreux autres moments de veille.

Étant donné que vous vous libérez régulièrement et progressivement de vos résistances, votre fréquence vibratoire va de plus en plus s'élever.

Grâce à l'amélioration de votre point d'attraction vibratoire, grâce à l'affaiblissement de votre résistance et de l'élévation de votre fréquence vibratoire, vous aurez quotidiennement accès à des pensées toujours plus agréables.

Maintenant que vous avez atteint un meilleur point vibratoire, vous parviendrez à voir les preuves de votre amélioration financière dans votre quotidien, ce que vous ne discerniez pas auparavant.

Quand vous prenez la décision de rechercher les aspects positifs de votre vie actuelle, vous engendrez une attente qui permettra la manifestation immédiate de preuves qui soutiennent votre changement vibratoire. En d'autres termes, plus vous cherchez les aspects positifs de votre existence actuelle, plus ces aspects positifs vont effectivement se révéler à vous.

Au cours de votre méditation de 15 minutes, vous aurez trouvé le moyen de ressentir l'abondance sans avoir besoin d'en voir la preuve. Mais, au fil du temps, vous parviendrez à voir ce que vous ne voyiez pas jusque-là. Et avec encore un peu plus de temps, vous vous attendrez totalement à ce que de bonnes choses se manifestent dans votre vie.

La manière la plus rapide de connaître encore plus d'exemples merveilleux d'abondance dans votre vie personnelle consiste à prendre note des choses merveilleuses qui s'y trouvent déjà. L'abondance que vous permettez est toujours l'équivalent parfait de vos attentes.

9

*Votre vie va continuer de vous apporter plus
d'abondance, mais le plus gros du travail est déjà
fait. Désormais, au prix de bien moins d'efforts que
vous ne croyiez, votre situation financière est sur
le point de s'améliorer.*

Sans en avoir conscience, vous avez fait le tri des expériences de votre vie et vous avez ainsi attiré des ressources d'abondance incroyables dans votre Vortex, où elles attendent que vous vous aligniez sur elles. Cette abondance que vous avez définie et affinée ne peut vous être ôtée et nul ne peut vous en priver. Elle demeure votre création et vous seul pouvez la revendiquer.

Votre abondance, stockée dans votre Vortex de Création va continuer à s'accroître, puisque votre vie va continuer d'appeler plus d'abondance à vous. *Si jamais vous avez l'impression que vous avez atteint la fin des ressources que vous avez mises de côté, ce ne sera pas parce que vous en aurez effectivement atteint la fin, mais simplement parce que vous vous priverez de ce qui est là, car il n'y a pas de limites aux ressources du Vortex. C'est le processus de la vie qui garantit cela.*

À chaque écoute de cette méditation guidée sur l'abondance financière, vos résistances s'amenuisent et vous permettez davantage, jusqu'à ce qu'un jour vous lisiez les mots inscrits sur cette page et que vous compreniez, sans le moindre doute, la valeur véritable de votre Être.

Vous accepterez totalement votre valeur, en n'offrant plus aucune résistance à ce qui la prouve. Vous n'éprouverez plus aucun malaise quand les bénédictions de l'abondance et du Bien-Être se déverseront sur vous, prouvant ainsi votre alignement sur l'Être de valeur que vous êtes.

Il est impossible que vous atteigniez l'alignement vibratoire sur l'abondance de votre Vortex sans que se manifestent les preuves de cette abondance. Votre entourage ne manquera pas d'en observer les preuves, mais vous, vous saurez que ce qu'il voit, en réalité, est la preuve de votre alignement.

10

L'abondance financière ne se manifeste pas dans notre vie grâce à notre dur labeur, à notre chance ou au favoritisme : elle n'est que la réponse de l'Univers aux pensées et aux sentiments d'abondance que nous cultivons avec régularité.

De nombreuses personnes abordent la vie avec l'idée erronée que si elles travaillent assez dur et qu'elles en paient le prix fort, elles seront récompensées par le Bien-Être matériel. Et comme elles n'ont pas conscience que leurs efforts les empêchent de s'aligner sur ce qu'elles espèrent, elles attribuent l'absence d'abondance à la *chance* ou au *favoritisme* d'autres personnes.

Mais il n'y a ni chance ni favoritisme. Il n'y a que permission ou résistance, permission ou déni, libre accès ou rejet de l'abondance méritée.

Quand vous voyez la preuve d'une carence et que vous l'attribuez à des actes, des intentions ou des pouvoirs extérieurs à vous, votre seul recours consiste à essayer de gagner les faveurs de ceux qui détiennent ce pouvoir. Mais, en réalité, ce pouvoir n'appartient à personne en dehors de vous, et si vous le cherchez ailleurs, vous n'obtiendrez aucun résultat positif.

À mesure que vous entraînerez votre pensée à être dans l'attente positive, et que vous vous alignerez sur des pensées de valeur personnelle et de Bien-Être, mais aussi sur votre véritable pouvoir, en recherchant des pensées agréables, vous n'offrirez plus de résistance à votre propre abondance. Et lorsque votre résistance aura cessé, votre abondance viendra. Un flot d'idées et de possibilités agréables se déversera sur vous. Vous serez entouré de conversations intéressantes et agréables. Des personnes d'influence s'intéresseront à vous et vous trouveront. Les occasions et les propositions seront nombreuses. Et bientôt vous saurez avec un certain amusement que tout cela était déjà là à votre portée, mais que votre état d'attraction résistante vous empêchait d'y accéder... Et à ce moment, ces choses positives seront là, non pas grâce à vos efforts, mais grâce à votre relâchement et à votre fluidité.

11

Même si vous parvenez à atteindre le sentiment d'abondance avant d'en voir la preuve, cette preuve viendra et elle continuera de se manifester aussi longtemps que vous préserverez ce sentiment.

Il est plutôt facile de se sentir bien quand on vit la manifestation de quelque chose de désiré. Il est facile d'être heureux lorsqu'on ne voit que des choses plaisantes. Mais si vous avez seulement la capacité de réagir à ce que vous observez, la seule façon de vous sentir durablement bien consisterait à contrôler l'environnement, pour qu'il ne contienne que des choses que vous jugez bonnes.

Il vous faudrait alors soit contrôler le comportement des autres, soit réduire considérablement l'étendue de vos propres expériences. Et, bien entendu, cela n'est pas possible.

Nous voulons que vous compreniez que si vos sentiments découlent de ce que vous *observez,* ils peuvent aussi provenir de ce à quoi vous *pensez,* et vous avez la capacité de penser bien au-delà de ce que vous observez. Et s'il est possible de détourner vos pensées de ce que vous observez pour reporter votre attention sur des sujets plaisants, jusqu'à ce que vos croyances se mettent à changer, il existe un moyen plus rapide de changer de Vibration, de vous sentir mieux et de changer de point d'attraction, en faveur d'expériences plus plaisantes :

Nos méditations guidées sont un raccourci efficace pour améliorer votre point d'attraction, car à mesure que vous réussissez à aligner votre respiration sur le rythme de la musique de l'enregistrement, vous êtes distrait de vos pensées résistantes habituelles. Et comme ces pensées-là sont momentanément désactivées, votre Vibration s'élève. En élevant ainsi votre Vibration, vous vous alignez sur la Source en vous. Du fait de cet alignement, vous vous sentez mieux. Du fait de cet alignement, vous vous retrouvez à l'intérieur de votre Vortex de Création, vous êtes aligné sur l'abondance. Et comme vous êtes aligné sur l'abondance, celle-ci devra se manifester.

12

Chaque fois que vous vous sentez bien, quelle qu'en soit la raison, vous atteignez le sentiment d'abondance. Et dans cette absence de résistance, tout ce que vous avez demandé se fraie un chemin jusqu'à vous.

Lorsque :

    vous vous sentez privé de quelque chose ;

    vous avez le sentiment qu'on profite de vous ;

    vous estimez qu'on vous maltraite ;

    vous vous croyez incompris ;

    vous vous sentez pauvre…

    …les preuves de ces croyances se manifesteront à vous.

Les preuves de *vos croyances* ! Pas la preuve de votre valeur et de vos qualités. Ce n'est pas une punition pour vos péchés ni Dieu qui retient son amour. Ce n'est ni la chance, ni le favoritisme, ni l'injustice ou le mauvais karma. *Ce que vous vivez, chaque jour, jour après jour, est la preuve manifestée de vos propres croyances !*

Une croyance n'est qu'une pensée que vous continuez de cultiver. Une croyance est une Vibration que vous avez pratiquée suffisamment longtemps pour qu'elle domine désormais en vous et qu'elle se présente facilement et fréquemment. Une croyance est un point d'attraction vibratoire qui vous fournit les preuves concrètes de ce qu'elle avance.

Quand vous vous sentez :
 joyeux ;
 euphorique ;
 satisfait ;
 impatient ;
 excité ;
 compris ;
 chanceux ;
 honoré ;
 dans l'abondance…
 …les preuves de vos croyances se manifesteront à vous.

Nos méditations guidées quotidiennes vous aideront à vous libérer de vos résistances. Cette libération vous donnera accès à des pensées plus agréables, et plus vous y accéderez, plus elles domineront progressivement en vous. Cette méditation quotidienne vous aidera à changer vos croyances : les nouvelles que vous adopterez vous apporteront de nouvelles preuves, sous la forme de manifestations d'abondance.

13

Chaque fois que vous vous concentrez sur ces mots,
votre résistance s'amoindrit et votre capacité à
permettre augmente. C'est ainsi que de jour en jour
votre point d'alignement vibratoire change, jusqu'à
atteindre un Point de Bascule évident.

Les bienfaits de cette méditation quotidienne s'étendront au-delà des 15 minutes que vous y consacrez chaque jour. Il est certain qu'au cours de cette méditation vous ressentirez un alignement accru. Si les bienfaits mentaux et physiques de cet exercice peuvent être perçus durant la méditation, les bienfaits de votre abandon de résistance, eux, se prolongeront dans tous les aspects de votre vie.

Chacune de vos relations actuelles en sera transformée et toutes vos activités seront affectées positivement sur tous les plans de votre Être. Chacune de vos interactions avec toutes les dimensions de votre vie sera aussi plus agréable. Mieux vous vous sentirez, mieux vous irez !

Cette méditation quotidienne vous aidera à parvenir à la libération efficace de vos résistances anciennes et, chaque jour, les bienfaits

de cet abandon de résistance vous seront plus évidents. Chaque jour, la fréquence de vos désirs et celle de vos croyances se rapprocheront l'une de l'autre. Et, un jour, peu de temps après avoir entamé ce processus de méditation quotidienne, la Vibration de vos croyances, résistantes jusque-là, cédera la place à la puissance de votre désir. Ce désir couve depuis longtemps puissamment en vous, mais la résistance que vous avez apprise et pratiquée l'avait réduit au silence ou lui avait fait obstacle.

Grâce à l'abandon progressif de vos résistances, vous parviendrez à un Point de Bascule – vous aurez le sentiment d'être libéré, d'accéder à la lumière – et alors vos paroles manifestées ne seront plus jamais les mêmes… Toutes sortes d'expériences physiques, tangibles, visibles, audibles et palpables vont commencer à se manifester, et à tout observateur extérieur, il deviendra évident que quelque chose a changé en vous. Les autres auront l'impression que votre chance a tourné, mais vous saurez que ce n'est pas cela, que vous êtes désormais en relation vibratoire avec vos propres désirs.

14

Pendant un temps, les seules preuves de vos progrès financiers seront l'amélioration de votre état émotionnel, et si vous jugez que cela suffit – sans mesurer vos progrès financiers –, votre amélioration financière ne manquera pas de suivre.

Avant d'atteindre le Point de Bascule vibratoire, qui s'accompagne d'améliorations physiques tangibles, d'autres progrès vibratoires ont été réalisés. Et vous pouvez mesurer ce progrès vibratoire à l'amélioration de votre état émotionnel, même si aucune preuve tangible n'en est encore visible.

Si vous acceptez que l'amélioration de votre état émotionnel soit la preuve de votre progrès, alors celui-ci se poursuivra : vous vous sentirez toujours mieux et vous passerez le Point de Bascule au-delà duquel des preuves physiques se manifesteront. Mais si vous cherchez ces preuves trop tôt et que vous ne les trouvez pas, vous perdrez votre assise vibratoire.

Le besoin d'avoir des preuves immédiates de leur progrès est le plus gros obstacle pour la plupart des gens. Lorsque vous tentez de mesurer vos progrès trop tôt, vous vous éloignez des résultats que vous espérez.

Tous les désirs que vous cultivez ne sont là que parce que vous croyez que vous irez mieux en les réalisant. Qu'il s'agisse d'un objet, d'argent, d'une relation ou d'un état physique, chacun de vos désirs n'est là que parce que vous voulez aller mieux.

Quand vous découvrirez comment commencer par vous sentir mieux, en éloignant délibérément de votre esprit vos problèmes, vos luttes, vos sujets d'irritation et autres choses indésirables pour vous concentrer plutôt sur votre propre respiration, vous aurez découvert la clé de l'art de permettre.

Des preuves de tout ce que vous désirez se fraient un chemin jusqu'à vous et la seule chose qui les retient est la Vibration régulière que vous émettez qui ne les permet pas. Quand vous découvrirez l'astuce toute simple consistant à ne plus émettre cette résistance inutile et désagréable, vous obtiendrez tout ce que vous n'avez cessé de demander.

15

*Nous sommes tellement contents d'avoir l'occasion
de vous dire combien nous apprécions tout ce que
vous êtes. Nous voulons que vous sachiez que nous
sommes absolument certains que l'abondance
que vous désirez est en route.*

Cela fait longtemps que nous prenons plaisir à observer l'expansion de l'Univers et la part importante que vous prenez à cette expansion, puisque votre vie vous pousse à émettre continuellement de nouveaux désirs. Mais nous sommes particulièrement ravis d'anticiper votre prise de conscience de votre véritable pouvoir créateur.

Il n'est rien de plus délicieux que d'avoir *conscience* d'un désir personnel, de reconnaître *consciemment* la résistance qui en prévient ou en ralentit la manifestation, de libérer *consciemment* cette résistance, puis d'accueillir *consciemment* sa manifestation. C'est de la Création (consciente) délibérée dans sa meilleure forme !

Il n'y a pas de fin aux expériences qu'on peut vivre, car vous êtes un Être éternel disposant d'occasions d'expansion joyeuse sans fin.

À chaque nouveau désir que vous émettez, puis que vous permettez de se manifester, vous découvrirez une nouvelle plateforme à partir de laquelle émettre d'autres désirs. Ce processus de création n'a pas pour but de mettre un terme à la création et à ses manifestations. Il a pour objectif une *expansion* joyeuse. Et sitôt que votre intention changera et que vous déciderez de vous «sentir bien», plutôt que de «manifester quelque chose», non seulement vous serez quelqu'un de constamment heureux, mais tout ce que vous désirez viendra facilement à vous.

Au début, certains trouvent ceci paradoxal, alors que ça ne l'est pas : «Je souhaite ces choses parce que je serais plus heureux si je les avais, mais ma conscience de leur absence m'empêche de les obtenir. Mais si je peux trouver le moyen de me sentir bien sans même les posséder, alors ces choses-là pourront être miennes.»

Voici une puissante vérité universelle : vous ne pouvez pas attirer la présence de ce que vous voulez lorsque vous avez avant tout conscience de son absence.

16

Vous vous en sortez très bien.
L'abondance vient à vous.
Détendez-vous : appréciez le déploiement des choses,
appréciez Ce Qui Est,
et attendez avec hâte ce qui arrivera.
Il y a beaucoup d'amour pour vous, ici.

Et, comme toujours, nous restons dans le Vortex.

Nous apprécions votre conscience d'être un Être vibratoire.

Nous apprécions votre conscience de l'importance de vos émotions.

Nous apprécions que vous vouliez bien vous concentrer chaque jour sur votre respiration.

Nous apprécions les changements vibratoires qui sont déjà à l'œuvre en vous.

Nous apprécions que vous vous libériez sans cesse de vos résistances.

Nous apprécions que vous ouvriez sans cesse de nouvelles portes, ce qui vous permet de découvrir encore plus Qui Vous Êtes.

Nous attendons avec hâte la facilité constante qui vous attend.

Nous attendons avec hâte les prochains désirs que vous allez émettre.

Nous attendons avec hâte le rendez-vous inévitable que vous aurez avec des idées et des expériences agréables.

Nous sommes impatients que vous réalisiez tous les détails de votre monde manifesté.

Nous sommes impatients que vous réalisiez l'abondance illimitée qui vous attend.

Nous sommes impatients que vous réalisiez vos désirs.

Nous sommes impatients d'observer les détails de vos Créations délibérées se frayant un chemin dans votre vie.

Nous attendons avec hâte votre sentiment de plénitude, qui est une certitude.

Nous sommes impatients que vous franchissiez le Point de Bascule qui va certainement venir et vous permettre de vous voir tel que nous savons que vous êtes : un Être qui mérite toutes les formes d'abondance, toutes les bonnes choses, satisfait de Ce Qui Est, *et impatient d'en recevoir davantage.*

Il y a beaucoup d'amour pour vous, ici !

Méditation

le Bien-Être physique

1

*Il est agréable d'avoir l'occasion de vous rendre
visite pour vous aider à vous brancher sur le rythme
naturel de votre Bien-Être. Votre corps intelligent
contient des billions de cellules qui cherchent et
trouvent leur alignement et leur équilibre
à chaque instant.*

S'il est évident qu'un corps en bonne santé rend la vie physique plus agréable, nous voulons que vous compreniez que le fait de trouver des choses agréables sur lesquelles se concentrer favorise aussi le bon état du corps.

Toutefois, la plupart des humains abordent la question de leur Bien-Être physique à l'envers. Ceux qui souffrent de maux physiques laissent leur condition physique déterminer leur attitude mentale. En d'autres termes, leurs émotions réagissent à l'état de leur corps. Lorsqu'ils souffrent, ils expriment des émotions de frustration, d'inquiétude, de colère ou de peur. Ils veulent que leur état physique s'améliore pour aller mieux au plan émotionnel.

Toute maladie, ou tout écart du Bien-Être physique, commence au niveau cellulaire, mais la tendance majoritaire de toutes vos cellules est de prospérer. Toute la journée, jour après jour, vos cellules retrouvent leur équilibre à des niveaux si fins et subtils que la plupart des gens sont totalement inconscients de la puissance et de l'intelligence de leur corps cellulaire.

Ce processus continuel de réalignement et de rééquilibrage dépend de la communication cellulaire : la communication d'une cellule à l'autre, mais aussi la communication vibratoire entre les aspects physiques et non physiques de ces cellules. Et lorsque vous éprouvez une émotion négative, vous êtes dans un état qui empêche cette communication cellulaire.

Si votre corps physique est extrêmement résilient et qu'il a évolué jusqu'à pouvoir maintenir un certain équilibre même lorsque la communication est bloquée, les preuves d'une inquiétude, d'une colère ou d'un débordement émotionnel chroniques finissent par se manifester sous la forme d'un Bien-Être physique moindre.

Fixer son attention sur des objets agréables est le moyen le plus efficace d'offrir un environnement optimal permettant une communication cellulaire non entravée, ce qui permettra au corps physique de prospérer.

2

Il n'est pas de plus grand cadeau que vous puissiez
faire à votre corps que ce relâchement en douceur
de vos résistances, maintenant, car votre état naturel
est un état de Bien-Être absolu. En l'absence de
toute résistance, votre corps physique ne
peut que prospérer.

Un *soulagement* est toujours agréable, et on peut faire beaucoup de choses pour obtenir un tel soulagement : quand vous avez soif, votre corps est soulagé d'avoir quelque chose de frais à boire. Quand vous avez faim, c'est un soulagement que de manger. Quand vous êtes fatigué, il est soulageant de se reposer. Mais si vous attendez d'être totalement déshydraté avant de boire, ou complètement émacié avant de manger, votre corps peut se retrouver totalement déséquilibré. *S'il est possible de restituer un état de Bien-Être à votre corps, il est beaucoup plus facile de préserver un sain équilibre physique que de le retrouver après l'avoir perdu.*

La plupart des gens ne se mettent jamais dans des situations à ce point dramatiques – en étant privés d'eau ou de nourriture trop longtemps – que leur corps en souffre ; toutefois, il est courant que les gens privent leur corps d'autre chose de tout aussi important : l'alignement sur l'Énergie de la Source.

Les gens développent souvent des modes de pensée qui les maintiennent dans un état émotionnel négatif. Et s'ils prennent l'habitude de se sentir débordés, en colère, inquiets, pleins de reproches et de culpabilité, ces émotions négatives chroniques indiquent la présence de puissants schémas de résistance qui font obstacle à leur Bien-Être naturel.

De même qu'il est bon de boire quand on sent qu'on a soif – préservant ainsi son Bien-Être avant de souffrir de déshydratation –, il est tout aussi important de modifier ses pensées et de lâcher ses résistances sitôt qu'on sent la présence d'une émotion négative. Car s'il est tout à fait possible de supporter des émotions négatives pendant longtemps, ce n'est pas l'expérience la plus bénéfique pour les cellules de son corps physique.

Si vous apprenez à lâcher vos résistances dès les premiers signes, votre corps physique va s'épanouir. L'épanouissement est quelque chose de naturel pour vous.

3

En vous concentrant délibérément sur des pensées
agréables, vous permettez à vos cellules physiques
de retrouver leur équilibre naturel.
Respirez profondément : c'est la clé.
Écoutez doucement nos paroles et laissez se faire un
alignement en douceur sur l'Énergie de votre Source.

Une émotion positive est le signe que vous approchez du sujet de vos pensées de la même manière que la Source en vous. En d'autres termes, le sentiment d'amour que vous éprouvez pour une personne correspond à celui de la Source pour elle.

Une émotion négative indique que vous abordez le sujet de vos pensées de manière contraire à la Source qui est en vous. Par exemple, un sentiment de haine ou de colère envers quelqu'un ne correspond pas à ce que la Source en vous ressent pour cette personne.

Mieux vous vous sentez, au plan émotionnel, plus vous permettez votre alignement sur la Source. Plus vous vous sentez mal, plus vous résistez à la Source. Quand vous n'offrez aucune résistance, votre état naturel d'alignement se rétablit, ainsi que l'alignement entre vos cellules et leur Source.

En écoutant la musique de notre enregistrement et en vous concentrant doucement sur l'intention de synchroniser votre respiration avec son rythme musical, vous vous libérerez de toute résistance. Et en l'absence de Vibration de résistance, votre Vibration va naturellement s'élever.

Durant les premiers jours ou premières semaines de pratique quotidienne de cette méditation, votre soulagement cellulaire interviendra essentiellement durant les 15 minutes d'écoute, de relaxation et de respiration. Mais tôt ou tard, du fait de cette concentration quotidienne sur votre respiration et de cet abandon de vos résistances, la *Loi de l'Attraction* va vous synchroniser avec des pensées toujours plus agréables.

Plus vous vous concentrez sur des pensées agréables, plus vous permettez aux cellules de votre corps de s'épanouir. Vous constatez que votre clarté, votre agilité, votre tonus et votre vigueur s'améliorent, car vous vous frayez littéralement un chemin par la respiration jusqu'à votre Bien-Être, jusqu'à ce que des sentiments chroniques d'appréciation, d'amour, de joyeuse impatience et de joie confirment que vous vous êtes défait de toute résistance et que vous permettez votre Bien-Être.

4

Les cellules de votre corps sont guidées par la Source, et elles ont la capacité de trouver leur équilibre, quoi qu'il arrive, chaque fois. Ainsi, non seulement vous allez récupérer, quelles que soient vos conditions physiques non désirables, mais vous atteindrez un Bien-Être durable.

Votre corps physique sophistiqué existe du fait de l'intelligence de vos cellules. Et celle-ci existe à son tour du fait de sa Connexion à l'Énergie de la Source.

Quand votre corps ne reçoit plus l'Énergie de la Source, les médecins disent alors que vous êtes «mort». Mais ils ont bien des choses à comprendre concernant ce lien entre votre corps physique cellulaire et l'Énergie vibratoire de la Source.

Lorsque les médecins et les scientifiques essaient de trouver des remèdes aux maladies sans prendre en compte la relation vibratoire existant entre l'Être physique et l'Énergie de la Source, ils cherchent au mauvais endroit. Si la résistance qui a bloqué le Bien-Être n'est pas supprimée, elle se manifestera sous la forme d'une autre maladie, et d'une autre encore. *Un mal-aise (une maladie), c'est faire obstacle à l'aise,* à l'aisance. Être malade, c'est ne pas permettre le Bien-Être et cela se mani-feste toujours, avant même la maladie, sous la forme d'une émotion négative chronique.

Du fait de leur connexion à l'intelligence de l'Énergie de la Source, vos cellules savent exactement que faire pour devenir ces cellules d'une diversité de fonctionnement incroyable qu'on trouve dans votre corps. Et en l'absence de ces obstacles que créent vos pensées négatives de résistance, la communication reste ouverte à des interactions claires et adaptées à l'instant, ce qui maintient votre corps physique en état de fonctionnement parfait et optimal.

En l'absence d'émotion négative – et en permettant ainsi un alignement complet et une bonne communication avec l'Énergie de la Source –, votre corps physique peut retrouver son équilibre et se remettre de tout déséquilibre. Une fois cet équilibre retrouvé, il est facile de préserver durablement des senti-ments agréables.

5

À mesure que vous écouterez et que vous respirerez
– mais aussi que vous vous détendrez et lâcherez
prise –, vous atteindrez et maintiendrez facilement
un corps en bonne santé. Même les conditions
physiques indésirables qui vous accompagnent
depuis un certain temps vont progressivement
diminuer, jusqu'à ne plus exister.

Grâce à cette concentration quotidienne sur votre respiration, vous allez progressivement effacer vos résistances par votre souffle, provoquant ainsi un changement progressif de votre point vibratoire d'attraction. Alors, vous ressentirez une profonde résonance avec les mots que nous vous adressons. Lorsque cela arrivera, la Vibration de votre corps physique et celle de la Source en vous se retrouveront à la même fréquence vibratoire ; et lorsque ceci se produira à son tour, votre corps physique en profitera. *Les conditions physiques indésirables disparaîtront une à une. Sans grande fanfare ni célébration ostensible de cette guérison spectaculaire, votre corps physique va progressivement retrouver son état naturel de Bien-Être.*

De même qu'une compréhension totale de l'électricité n'est pas nécessaire à qui veut appuyer sur un interrupteur et profiter de la lumière, vous n'avez pas besoin de comprendre tout le fonctionnement complexe de votre corps physique. Il suffit que vous compreniez le processus tout simple par lequel vous permettez à vos cellules intelligentes de faire leur travail.

Nous aimons vous répéter que si vous n'agissiez pas comme vous le faites – ce qui provoque des résistances –, votre Vibration s'élèverait. Mais allons plus loin : lorsque vous vous concentrez sur votre respiration (et l'enregistrement exige vraiment de la concentration pour en adopter le rythme), vous ne pouvez pas rester conjointement concentré sur des pensées de résistance. À mesure que vous vous libérez de ces pensées qui sont source de résistance, votre Vibration s'élève. Et de ce fait, vous commencez à entendre et à comprendre les paroles que nous vous adressons.

À mesure que vous vous entraînez à entrer en résonance avec la Source en vous, la communication entre les cellules de votre corps s'améliore, ainsi que tout votre corps physique. Et tout cela commence simplement par la concentration sur votre respiration, pour « appuyer sur l'interrupteur » du Bien-Être physique absolu.

6

En abandonnant chaque jour un peu plus de résistance, vous sentirez circuler à travers vous la puissance qui crée les mondes... Cela se fera simplement en respirant et en écoutant, non pas pour déclencher quelque chose, mais pour le plaisir et le confort que procure l'alignement.

L'abandon de vos résistances sera un processus progressif, graduel, où la Vibration améliorée que vous atteignez s'appuie sur celle atteinte le jour d'avant.

Comme ce processus est progressif, il peut s'écouler plusieurs jours sans que vous remarquiez de différence notoire dans l'évolution de votre point d'attraction et des expériences que vous faites, mais vous ne tarderez pas à franchir le Point de Bascule et vous observerez alors des changements substantiels dans votre existence.

Non seulement vous verrez des améliorations dans vos sentiments, avec une amélioration substantielle de votre humeur quotidienne, mais vos interactions quotidiennes vous indiqueront que votre point d'attraction a bougé. Chacune de vos interactions avec vos amis, votre famille ou des inconnus vous reflètera ce changement vibratoire et l'abandon de vos résistances.

Cette merveilleuse amélioration des sensations que vous procurent votre vie et son fonctionnement se produira du fait que vous ne cherchez plus à réparer quoi que ce soit. D'ailleurs, vous faites même tout l'inverse : vous n'essayez plus, vous permettez. Du fait de votre intuition pure et simple de vous concentrer sur votre respiration, en vous synchronisant en douceur avec la musique, et parce que vous écoutez tranquillement ce que nous disons – tout cela pour le plaisir et le confort de passer un moment d'alignement –, vos résistances vont tomber et votre Vibration, s'élever.

Sans même que vous vous fixiez des buts ou que vous cochiez une liste de choses à faire, l'Univers vous démontrera que vous devenez maître dans l'art de permettre aux choses que vous avez demandées de se manifester facilement.

Chaque jour de ce processus va littéralement engendrer un équilibre vibratoire supérieur, ce qui veut dire que, chaque jour, votre point d'attraction va s'améliorer. Chaque jour, vous vous sentirez considérablement mieux et vous noterez une amélioration substantielle de la qualité de votre attraction sur toute chose.

7

*Votre corps physique réagira rapidement à l'absence
de résistance que vous ressentez quand vous respirez,
car il n'est pas un seul corps physique au monde,
quel que soit son état, qui ne peut retrouver son
état naturel de Bien-Être.*

L'attention que vous prêtez à votre respiration est bénéfique à double titre :

1. D'une part, cette attention va vous distraire des pensées indésirables, ce qui vous permettra de vous libérer de vos résistances. Et en l'absence de résistance, vos cellules communiqueront désormais de manière optimale.

2. D'autre part, comme vous respirez plus profondément que d'habitude, durant ces moments de non-résistance, l'oxygénation de vos cellules va radicalement s'améliorer. Ainsi, votre corps se sentira davantage en vie, puisqu'il le sera effectivement au niveau cellulaire.

Ce processus que nous faisons quotidiennement vous permet d'offrir le meilleur environnement possible aux cellules intelligentes de votre corps pour qu'elles fassent leur travail : offrir le meilleur équilibre à votre corps.

Dans votre monde, aujourd'hui, il existe d'innombrables remèdes, opérations et thérapies, au plan «action», mais aucune dose d'action au monde ne peut compenser une résistance vibratoire.

Notre méditation quotidienne fournit une base ou un noyau en vue d'une amélioration physique ; elle favorisera aussi les autres traitements et remèdes auxquels vous avez peut-être recours.

Puisque chaque maladie, chaque état indésirable n'est là que parce que le Bien-Être n'est pas *permis,* sitôt que cesse cette absence de permission, ce Bien-Être revient.

Il est courant de voir les gens commencer à aller mieux, puis s'arrêter et mesurer leurs résultats trop tôt. Et sitôt qu'ils se découvrent encore un symptôme indésirable, ils émettent de nouveau des pensées de résistance et perdent ainsi le terrain qu'ils avaient conquis. En vous libérant régulièrement de toute résistance, toutes les conditions physiques non souhaitées disparaîtront et vous retrouverez votre état naturel de Bien-Être.

8

*Les paroles que vous entendez ici ne concernent pas
votre corps : elles ont pour but de vous aligner sur la
Source et de permettre. Votre corps reflète l'équilibre
de vos pensées, et cet abandon de résistance
produira des changements positifs.*

En vous concentrant simplement sur votre relation vibratoire avec
l'Énergie de la Source, vous vous distrairez des manifestations indésirables de votre corps physique. Et en soustrayant ainsi votre attention à
cet état indésirable, ce dernier cessera d'exister.

Toute pensée de résistance, quel qu'en soit l'objet, affecte votre
Bien-Être, ce qui permet ensuite à des conditions physiques négatives
d'apparaître. Puis, l'attention que vous prêtez à ces conditions-là en
favorise la perpétuation.

*Il est nécessaire de soustraire votre attention à ces états indésirables pour
vous en libérer, mais il est également nécessaire de mettre un terme à la pensée
de résistance qui a fait obstacle au Bien-Être, au départ. Notre processus de
méditation vous aide à réaliser ces deux choses, tout en posant les bases d'une*

approche à la fois nouvelle et améliorée de la vie… Vous aurez de plus en plus de facilité à trouver des choses toujours meilleures auxquelles penser. Vous aurez aussi plus de facilité à voir les aspects positifs de tous les gens et les situations qui vous entourent. Vous constaterez que des compliments sortent de vous et vous éprouverez de l'appréciation pour un nombre croissant de choses.

Moins vous cultivez de pensées de résistance, mieux vous vous sentez, et mieux vous vous sentez, moins vous cultivez de pensées de résistance ! De ce fait, votre point d'attraction va se perfectionner, ce qui améliorera vos manifestations et vos relations, ainsi que votre état physique.

Votre corps physique est véritablement un reflet des pensées que vous cultivez, et pas seulement de celles qui concernent votre corps. Voilà pourquoi la compréhension de la base vibratoire qui soutient votre corps physique est importante, si vous voulez conserver un corps en bonne santé. Un éventail d'actions physiques ne suffira pas. Votre corps est le pur reflet de l'équilibre de pensées que vous cultivez.

9

*L'amélioration de votre état physique commencera
par vos cellules, avant de se propager à tous les
niveaux. Vous êtes un Être vibratoire, avec des
racines non physiques, et votre corps est une
extension de la Source non physique.*

Vous avez à votre disposition un puissant bras de levier dont la plupart des gens n'ont pas conscience, et la pratique quotidienne de notre méditation vous y donnera accès, que vous en ayez conscience ou non. Puis, du fait de votre expérience personnelle, améliorée et confirmée par les paroles que vous lisez ici, vous finirez par avoir un accès conscient à ce bras de levier.

Sitôt que vous comprendrez que vous êtes un Être vibratoire et que votre intention principale est de vous ajuster sur la fréquence vibratoire de la Source en vous, vous fournirez aux cellules de votre corps physique une base idéale pour prospérer. Mais si vous abordez votre corps physique du point de vue habituel, en prenant en note les symptômes et en analysant votre condition physique, vous émettrez des

résistances vibratoires qui feront obstacle à votre Bien-Être. En d'autres termes, votre réaction vibratoire à votre état actuel fait qu'il vous est difficile de surmonter vos conditions physiques indésirables.

Quand vous parvenez à trouver 15 minutes par jour pour vous détendre et vous accorder à la fréquence de votre Source, toute résistance et tout blocage cessent durant ce moment de méditation, ce qui donne aux cellules de votre corps l'occasion de retrouver leur état naturel de Bien-Être. Et cet état vibratoire amélioré commence ensuite à se propager à d'autres moments de votre journée.

Le seul fait de respirer et d'abandonner toute résistance favorise votre alignement vibratoire sur la Source, ce qui permet un changement de Vibration dans vos cellules et, donc, un rétablissement de votre Bien-Être cellulaire.

Votre état physique est avant tout déterminé par l'état de vos cellules. Et l'état physique de vos cellules est déterminé par un schéma vibratoire. Enfin, ce schéma vibratoire dépend de votre alignement sur le Bien-Être de la Source en vous.

10

Nous vous offrons ces propos pour qu'en nous écoutant et en respirant, vous vous accordiez sur la fréquence de votre Bien-Être. Si vous prenez le temps de trouver votre équilibre vibratoire, votre Bien-Être physique sera facile à préserver.

La plupart des gens, quand ils vivent quelque chose d'indésirable, s'efforcent d'améliorer leur situation, sans se rendre compte que la conscience qu'ils ont de leur état indésirable les empêche de trouver l'amélioration qu'ils recherchent. Il est facile de comprendre pourquoi tant de gens sont découragés par tant de choses. Ils ne peuvent tout simplement pas s'en sortir ainsi.

Notre processus de méditation quotidienne vous aidera d'abord à atteindre une autre sorte de but : celui d'arriver au soulagement émotionnel et à l'amélioration vibratoire. Mais, même si c'est là quelque chose de facile à accomplir (même au cours des premiers jours de méditation), n'en sous-estimez pas la puissance.

Du fait de l'équilibre vibratoire que vous allez découvrir, de nombreuses choses que vous vous êtes efforcé d'accomplir jusqu'ici se mettront en place d'elles-mêmes. Vous aurez l'impression qu'une certaine aspérité inconfortable a disparu et que tout le monde et toute chose autour de vous se mettent à coopérer, à agir selon vos intentions. Et, en l'espace de peu de temps, la conscience que vous avez de votre situation actuelle, qui œuvrait jusque-là contre vous, se mettra à travailler pour vous, car vous observerez les choses que vous voulez, ce qui perpétuera d'autres conditions désirables, et ainsi de suite.

De nombreuses personnes seront surprises de la facilité avec laquelle elles parviendront à conserver un corps en bonne santé, une fois qu'elles auront trouvé leur équilibre vibratoire. Et il est important de comprendre que vous n'en êtes jamais loin. Il s'agit juste de comprendre ce qui constitue vraiment la base de votre Bien-Être naturel, puis de faire ce qui le favorise.

Il semble contraire à la logique, aux yeux de beaucoup, qu'on puisse en accomplir davantage en «essayant moins fort». Mais quand vous prenez en compte le puissant cours du Bien-Être, et que vous découvrez comment y puisez, alors soudain tout devient parfaitement sensé à vos yeux.

11

*Une fois que vous aurez atteint l'alignement, des
comportements bénéfiques vous seront inspirés
et de merveilleuses choses se déploieront le plus
facilement du monde. Et plus vous serez à l'aise,
moins vous aurez de résistance et plus les cellules
de votre corps pourront trouver leur équilibre.*

Quand vous n'êtes pas en alignement vibratoire sur votre Source, vous pouvez toujours utiliser la force de votre volonté pour vous motiver à agir, mais ce genre de comportement n'est pas très agréable, et si l'on voit les choses de manière plus large, cette façon de faire est aussi relativement improductive.

Nous savons que lorsque vous aurez découvert l'effet de levier d'Énergie que procure le Vortex, ainsi que la facilité et la fluidité qu'apporte l'alignement sur cette Énergie qui crée les mondes, vous ne voudrez plus jamais revenir aux luttes et au dur labeur qui accompagnent le fait de ne pas être dans le Vortex. Il existe une grande différence entre *permettre* votre Bien-Être naturel et *essayer* de le provoquer.

Plus vous adopterez le rythme de vous aligner sur l'Énergie de votre Source, plus vous vous sentirez physiquement énergique et enthousiaste à l'égard de la vie. Vous aurez envie d'être plus actif, non pas parce que c'est nécessaire pour accomplir les choses, mais parce que vous le voudrez. Tous vos anciens sentiments de lutte et de débordement seront remplacés par de nouveaux sentiments d'impatience joyeuse et de passion. Et plutôt que de vouloir vous retirer et vous reposer, vous voudrez sortir dans le monde et y faire des découvertes.

Jour après jour, à mesure que vos résistances tomberont, vous retrouverez cette passion pour la vie avec laquelle vous êtes venu au monde. Et à mesure que votre humeur s'améliorera et que votre tonus physique augmentera, les cellules de votre corps vont se mettre à s'épanouir elles aussi.

Votre nouvelle attitude, profondément agréable, ne sera pas seulement un *indice* de l'amélioration de votre corps physique, mais elle en sera avant tout la *raison* même. Plus vous serez heureux, moins vous serez un obstacle pour votre corps cellulaire.

La plupart des gens font les choses à l'envers. Ils veulent se sentir bien dans leur corps afin de pouvoir être heureux. Mais le secret consiste à être heureux en premier, quel que soit l'état de votre corps, et alors le Bien-Être physique ne peut que s'ensuivre.

12

Ce processus de respiration et de permission vous permet de passer d'où vous en êtes à là où vous voulez aller. Car plus vous respirez et abandonnez vos résistances, plus vous vous ajustez à la fréquence vibratoire de votre Source et à votre épanouissement personnel.

Quand vous êtes entouré de choses agréables, vous pouvez facilement conserver une attitude et une humeur positives, simplement en observant ce qui vous entoure. Il est plus facile de vivre un moment de bonheur et de dilatation dans un corps physique en forme. Mais devoir être entouré de choses agréables et vivre dans un cadre confortable pour se sentir bien est une situation intenable.

Il est effectivement agréable d'observer quelque chose de plaisant, mais ce n'est pas une bonne idée que d'avoir besoin d'observer quelque chose d'agréable pour se sentir bien. Si votre bonheur dépend de l'observation de situations plaisantes, vous finirez par devenir l'un de ceux qui cherchent en vain à diriger les conditions extérieures. Ils n'y réussissent jamais et ne parviennent pas à conserver un bonheur durable. D'ailleurs, ils sont même rarement heureux.

De nombreuses personnes abordent la vie à l'envers : elles veulent diriger les conditions extérieures pour pouvoir observer des choses agréables afin de se sentir bien. Ce processus de méditation quotidienne vous aidera à retrouver le rythme et le cours des *Lois* qui gouvernent cet Univers vibratoire dans lequel vous vivez : préoccupez-vous de vos sentiment pour que vous puissiez faire en sorte que vos pensées s'alignent sur la fréquence vibratoire du Bien-Être. Ainsi, vous aurez rendez-vous avec des choses agréables et vous vous sentirez bien. *Sentez-vous bien pour le seul plaisir de vous sentir bien, et tout le reste se règlera de lui-même.*

Ce processus vous enseignera (puisqu'en réalité les mots n'enseignent rien) que le processus de création consiste en vérité à ne plus agir selon ce qui fait obstacle à votre Bien-Être. À mesure que vous vous libérerez des pensées et habitudes (et croyances, aussi) de résistance qui étaient les vôtres, votre Vibration va s'élever jusqu'à correspondre à la fréquence du Bien-Être physique parfait.

13

Il est naturel que vous vous sentiez bien, que vous soyez en forme et que votre corps soit en parfaite condition physique. Et à mesure que vous deviendrez l'Équivalent vibratoire de votre Bien-Être, votre corps vous en fournira la preuve.

La plupart des adultes humains n'ont aucun souvenir récent du Bien-Être que peut leur procurer leur corps physique, car cela fait longtemps qu'ils se privent de leur vitalité naturelle et de leur alignement.

Un état physique ou une maladie indésirables ne surgissent pas soudainement dans votre vie ou votre corps : ils apparaissent progressivement, au fil du temps, du fait de la privation régulière d'Énergie à laquelle vous vous soumettez.

En d'autres termes, si vous vous inquiétez chaque jour de quelque chose, ou si vous êtes en colère, vous vous privez de l'alignement sur la Source qui maintient votre corps en bonne santé et en équilibre. Et si vous ne réagissez pas à vos émotions négatives à mesure qu'elles apparaissent, en faisant l'effort de réorienter vos pensées afin d'améliorer votre état émotionnel, mais que – comme la plupart des gens – vous vous contentez d'apprendre à «vivre avec elles», en les jugeant conformes à «la vie normale dans le monde moderne», vous finirez par atteindre un Point de Bascule vibratoire au-delà duquel des symptômes physiques indésirables vont apparaître.

Grâce à ce processus de méditation quotidienne, vous allez commencer à vous rappeler que vous êtes censé vous sentir bien. Votre éventail émotionnel *naturel* est fait d'*espoir*, de *curiosité*, d'*impatience joyeuse* et de *passion*, mais aussi d'*amour*, d'*appréciation* et de *joie*. Et ce processus va vous aider à vous ajuster à nouveau sur vos fréquences *naturelles*, ce qui rendra d'autant plus évidentes vos émotions désagréables et indésirables chaque fois qu'il en apparaîtra une.

Alors, au lieu d'accepter l'apparition d'une émotion négative en vous comme étant une composante normale de la vie, vous comprendrez ce qu'elle est véritablement : un message clair et évident, sur le moment, qui exige une réaction appropriée de votre part, celle de choisir une pensée plus agréable. Si un corps en bonne forme favorise des pensées agréables, nous voulons que vous vous rappeliez que des pensées agréables vous permettront d'avoir un corps naturellement en forme.

14

À mesure que vous écouterez ces paroles et que vous respirerez, vous verrez votre alignement sur le Bien-Être devenir chaque jour plus solide. Et plus vous recevrez ces paroles dans une atmosphère de non-résistance, plus vous ressentirez de clarté, de vitalité et de Bien-Être.

De même que vos émotions négatives ont graduellement atteint un Point de Bascule au-delà duquel vous avez vu les preuves évidentes de vos résistances sous la forme d'une condition physique indésirable, l'abandon de vos résistances se fera lui aussi progressivement. *Notre processus de méditation quotidienne vous aidera à vous libérer de vos résistances, un peu plus chaque jour, jusqu'à ce que vous atteigniez un Point de Bascule qui vous remettra en alignement sur l'Énergie de la Source.*

Soudain, vous aurez l'impression qu'un voile se soulève et vous verrez clairement des choses qui n'étaient pas apparentes jusque-là. Vous aurez alors la *clarté*, l'*assurance*, la *confiance* et la *connaissance*, et non plus la *confusion* et l'*incertitude* qui régnaient auparavant. Et peu après avoir pris conscience de ce profond changement émotionnel, vous verrez toutes sortes de manifestations meilleures se révéler à vous.

Une fois que vous aurez atteint ce point, vous vous demanderez sans doute pourquoi vous vous êtes infligé si longtemps la séparation de votre Bien-Être et pourquoi vous l'avez si longtemps tolérée. Aussi tenons-nous à ce que vous vous souveniez de ce point important : *tant que votre Vibration n'avait pas changé, vous n'aviez pas accès à ces pensées, à ces sentiments et à ces conditions meilleurs. <u>Tout est affaire de Vibration !</u>*

Donc, en même temps que les conditions physiques de votre vie s'améliorent et que vous avez de plus en plus de manifestations agréables sur lesquelles fixer votre attention, nous vous encourageons vivement à poursuivre ce processus d'apaisement de votre mental et de concentration sur votre respiration, pour que vos fréquences s'accordent de nouveau sur le Bien-Être de votre Source. Ainsi, quand vous affronterez des situations dans la vie qui, autrefois, auraient étouffé votre Bien-Être, vous ajusterez quotidiennement votre Vibration et préserverez ainsi votre alignement sur l'Énergie de la Source et sur l'Énergie du plein épanouissement.

15

*Votre corps réagit avant tout au contenu de vos
pensées : il en profite ici même, en cet instant même.
Votre vie est censée être agréable. Et vous êtes censé
être heureux et pouvoir réaliser vos rêves.*

*Il y a toujours correspondance entre ce que vous pensez (et les sentiments
qu'éveillent vos pensées) et ce qui se manifeste dans votre vie. Vous obtenez ce
qui fait l'objet de vos pensées, qu'il s'agisse de quelque chose de désirable ou non,
et c'est particulièrement vrai au niveau de votre corps physique.*

Votre corps est en effet le plus véridique reflet des croyances que
vous cultivez. Il est utile de comprendre qu'une croyance n'est qu'une
pensée que vous nourrissez durablement, et comme c'est vous qui
contrôlez ce à quoi vous pensez, vous avez la capacité de projeter délibérément des pensées qui auront un effet bénéfique sur votre corps
physique.

*Plus vous vous entraînez à nourrir des pensées agréables, plus vous
favorisez une communication cellulaire non entravée et plus votre corps
physique s'épanouit.*

La concentration sur les aspects positifs de vos pensées requiert du temps et de l'entraînement, mais il y a moyen de faire du bien à votre corps maintenant, avant même d'avoir réussi à imprimer des fréquences plus élevées à vos pensées. Pour aider vos fréquences mentales à s'élever, il vous suffit de vous libérer des pensées de résistance. En l'absence de ces pensées-là, votre Vibration va naturellement s'accroître.

Plus vous vous concentrerez sur le rythme de la musique qui guide votre méditation, plus vous synchroniserez votre respiration dessus, plus vous allez désactiver des pensées de résistance, du moins durant le temps de cet enregistrement. Le seul fait d'éloigner ainsi vos résistances vous fera retrouver la vie de bonheur et de rêves réalisés que vous êtes venu vivre ici-bas. <u>Votre vie est censée être agréable.</u>

16

Vous vous en sortez très bien. Le Bien-Être physique
se manifeste à travers vous. Détendez-vous et
appréciez-en le déploiement. Ayez de l'appréciation
pour Ce Qui Est et attendez la suite avec hâte…
Il y a beaucoup d'amour pour vous, ici.

Et, comme toujours, nous demeurons dans le Vortex.

Du fait que vous participez délibérément à ce programme et à cet enregistrement, nous pouvons affirmer sans le moindre doute que vous réussirez à élever votre Vibration. En d'autres termes, il n'est pas possible que vous suiviez ces instructions toutes simples et que vous n'abandonniez pas certaines résistances. Or, cet abandon de résistance signifie toujours que votre Vibration va naturellement s'élever jusqu'à s'aligner sur l'Énergie de la Source. Et lorsque cela se produira, vous serez en état de permettre à l'essence de tout ce que vous désirez de se manifester dans votre vie.

Détendez-vous, appréciez la sensation d'être aligné et ne vous occupez pas du tout des résultats physiques. Relaxez-vous et savourez l'élévation progressive de votre Vibration. Soyez fier de vous investir ainsi délibérément dans votre propre Bien-Être.

Si nous vous avons convaincu que vous faites tout ce qu'il est nécessaire pour accomplir tout ce que vous désirez en vous concentrant sur notre enregistrement et en permettant à vos fréquences vibratoires de trouver leur rythme naturel, le succès sera certainement au rendez-vous.

Nous avons la chance de demeurer dans la fréquence vibratoire de votre Vortex, savourant la puissance de tout ce qui se trouve ici et sachant Qui Vous Êtes Vraiment, et nous comprenons la puissance de ce processus. Nous nous réjouissons d'ailleurs que vous fassiez la découverte consciente de la même chose.

Durant quelques instants, n'essayez pas de voir votre avenir et ne consacrez pas le moindre moment à analyser les détails de votre situation actuelle. Laissez-vous plutôt flotter librement sur les sons de notre enregistrement et découvrez l'art de permettre votre fusion parfaite avec la Source.

Nous resterons fermes dans notre connaissance de votre promesse de Bien-Être, toujours aussi joyeusement impatients que vous revendiquiez votre place naturelle à nos côtés, à l'intérieur *du Vortex. Il y a beaucoup d'amour pour vous, ici.*

Méditation

les relations

1

*Il est agréable d'avoir ainsi l'occasion de pouvoir
vous parler des relations. Il n'est pas de sujet de plus
grande importance pour vous que les relations,
car sans les autres, vous ne pourriez pas exister.*

Les relations que vous avez avec ceux qui sont avec vous sur la planète vous sont précieuses à plus d'un titre. Il est évident pour la plupart d'entre vous que la diversité de talents et d'intérêts qui vous caractérise crée un environnement général d'équilibre. Mais vous êtes également utiles les uns aux autres d'autres manières importantes.

Chaque personne avec laquelle vous interagissez fait partie de l'individu que vous êtes en train de devenir. Il n'est pas une seule interaction avec quiconque qui se soustrait à ce processus de devenir.

Vos interactions avec autrui vous aident à définir vos préférences personnelles, et même si vous ne les exprimez pas à haute voix, vous les projetez au plan vibratoire et elles forment alors le fondement de votre propre expansion.

De nombreuses personnes supposent que seules les relations agréables ont de la valeur, mais ce n'est pas vrai. La conscience que vous avez d'une situation indésirable évoque en vous une requête vibratoire claire, l'envie d'autre chose. Par conséquent, même ces interactions déplaisantes forment le fondement vibratoire de votre expansion.

Les gens croient souvent que la valeur de nos interactions réside surtout dans le mélange de nos talents et de nos actes, en vue d'accomplir ce qui doit être fait dans la société, mais en réalité, cette valeur est plus importante que cela. Vous vous aidez les uns les autres à définir les attributs de votre expansion individuelle et collective. En d'autres termes, même les plus brèves rencontres avec autrui contribuent en réalité à l'expansion de votre Être éternel.

Nous avons le désir de vous aider à retrouver votre appréciation naturelle de tous ceux avec qui vous partagez la planète, afin que vous puissiez pleinement profiter de chacune de vos rencontres, aussi brève soit-elle, et peu importe que vous soyez d'accord avec autrui ou non.

2

*Les autres personnes avec qui vous partagez votre
planète sont d'une valeur inestimable pour vous,
même lorsque vous désirez des choses différentes.
Et votre environnement terrestre est suffisamment
vaste pour satisfaire votre éventail d'intérêts,
de croyances et de désirs.*

*Plus vous avez de choix à disposition, plus votre vie s'enrichit. En d'autres
termes, un grand buffet avec un large choix de plats a plus de chances de vous
satisfaire qu'un buffet limité. Chaque aspect de votre vie s'enrichit là où
vous disposez d'un éventail de choix, et jamais ce dernier n'a été si grand.*

Nous ne parlons pas seulement de votre éventail de choix en matière
de style de vie, mais aussi en matière de comportements, de réactions
émotionnelles, de traits de caractère, d'attitudes, d'humeurs et de réactions aux situations… vous êtes entouré de toute une variété d'options
à partir desquelles vous élaborez la version élargie de vous-même.

Il existe un grand nombre de situations, d'attitudes, de modes de
vie – et même de choix alimentaires – qui ne vous intéressent pas. En
vivant votre vie, vous en avez identifié les aspects désirables et indésira-

bles, et il est important de vous rappeler qu'aucune de ces choses indésirables ne peut se manifester d'elle-même dans votre vie, car il n'existe aucun asservissement dans votre univers fondé sur l'attraction.

Les choix que font les autres ne peuvent pas avoir d'impact négatif sur votre propre expérience, sauf si vous les incluez dans votre propre vécu par l'attention que vous leur prêtez. Les choses ne viennent à vous que si vous les invitez en Vibration, et elles ne demeurent dans votre vie que par l'attention continue que vous leur prêtez.

Votre univers est fondé sur la liberté. La liberté pour chacun de choisir ce à quoi il veut prêter attention et, par conséquent, la liberté de choisir ce qu'il veut vivre. Et vos interactions vous fournissent une base de contrastes qui assure votre expansion continue.

Lorsque les autres parviennent à l'alignement vibratoire sur ce qu'ils désirent, ils ne vous privent nullement de vos propres désirs. Si votre réalité spatio-temporelle vous a inspiré des désirs, il est certain que ceux-ci peuvent être satisfaits, car votre environnement terrestre a le potentiel de satisfaire l'essence de tous les désirs.

3

Vos différences sont extrêmement utiles pour stimuler de nouvelles idées et elles sont importantes pour votre expansion. Vous êtes venu ici avec beaucoup d'impatience, anticipant l'expansion qui allait naître de vos interactions avec autrui.

Il est facile de comprendre le concept qui veut que *plus il y a de variété, plus vous avez de quoi choisir,* mais les différences contrastées qui vous entourent offrent encore des avantages plus importants : à mesure que les choses *que vous ne voulez pas* se précisent pour vous dans votre dimension physique, les choses équivalentes que vous voulez *vraiment* se précisent dans la dimension non physique.

Chaque fois que vous savez très exactement que vous *ne voulez* pas quelque chose, vous émettez dans votre Vortex de Création une fréquence qui détient des informations précises sur ce que vous voulez *vraiment*. Et votre *Être Intérieur*, la Source en vous, s'en tient fermement à cette nouvelle Vibration améliorée... *À mesure qu'un problème prend forme dans votre conscience, une solution équivalente prend*

forme au même instant ; et dès lors qu'une question se pose, une réponse équivalente se forme.

De votre point de vue non physique, avant votre naissance dans ce corps physique, vous compreniez ce processus merveilleux d'expansion éternelle, et vous êtes donc venu ici-bas avec beaucoup d'impatience. Vous voyiez que toute la variété qu'offre votre planète – et en particulier les points de vue contrastés de la population humaine – allait former la base parfaite non seulement de votre expansion, mais d'une expansion joyeuse, qui plus est. Vous saviez que chaque problème apporterait sa solution et que chaque question trouverait sa réponse, et vous vous réjouissiez du rôle que vous alliez jouer dans la création de ces solutions et de ces réponses.

Avant votre naissance, vous compreniez toute la valeur des contrastes, et vous croyiez en votre aptitude à vous concentrer sur les solutions. Mais, plus encore, vous n'éprouviez aucune aversion pour les problèmes, car vous saviez qu'ils font partie du processus d'expansion éternelle. Vous vous réjouissiez de pouvoir entreprendre une exploration joyeuse, de pouvoir faire des choix personnels et vous concentrer délibérément. De la cocréation optimale !

4

*Si vous appréciez la valeur d'opinions qui diffèrent,
vous tirerez profit de toutes vos relations. Et comme
vous ne pouvez pas forcer les autres à changer pour
vous plaire, vous gagnerez en aisance à les
apprécier tels qu'ils sont.*

Plus le nombre de perspectives différentes est élevé, plus grand est le potentiel de réaliser des créations merveilleuses. Même lorsque vous éprouvez une forte aversion pour les opinions et points de vue des autres, vos interactions avec eux vous fournissent la base de votre expansion, ainsi que des solutions et des réponses auxquelles vous n'auriez pas accès en l'absence de leur position apparemment problématique.

Nous vous encourageons à faire la paix avec quiconque s'oppose à vous et avec tous ceux auxquels vous vous opposez, non seulement parce que vous ne pouvez pas insister pour qu'ils se soumettent à votre point de vue, mais parce que leur point de vue opposé vous est extrêmement utile.

Car, voyez-vous, du fait de votre exposition à ce que vous percevez comme étant leurs *mauvais* comportements ou leur point de vue *indésirable,* vous avez donné naissance à une situation meilleure. Et de même qu'ils ont contribué à clarifier la partie *problème* de l'équation, ils contribueront aussi à clarifier la partie *solution* de cette équation, et cette solution vous attend ensuite dans votre Vortex de Création.

Grâce à notre processus de méditation quotidienne, vous allez vous aligner sur ces solutions et créations qui se trouvent dans votre Vortex et, de l'intérieur de ce Vortex, vous vous sentirez reconnaissant envers celles et ceux qui ont contribué à son devenir. Si vous décidez par avance de leur en être reconnaissant – avant même d'être dans votre Vortex et d'avoir accès à ces solutions –, le processus se raccourcira et vous apportera plus rapidement les solutions que vous recherchez. Plus important encore, vous vous sentirez bien à chaque étape du chemin.

Lorsque vous faites la paix avec ceux dont les désirs, croyances et comportements diffèrent de votre idée de ce qui est juste, vous ne perpétuez pas ce que vous jugez mal ou mauvais. Au contraire, vous vous alignez sur le côté solution de l'équation qui vous attend dans votre Vortex de Création.

5

*Parfois, on dirait que les autres sont capables d'avoir
une influence négative sur votre vécu, mais ce n'est
jamais vrai : seule votre réaction peut vous écarter de
l'Être que vous êtes, qui se sent naturellement bien...*

Ça fait toujours du bien d'observer les points positifs d'autrui, car ce faisant, vous restez totalement aligné sur le point de vue plus vaste de la Source en vous. Et comme le comportement positif d'autrui vous fait du bien, il est logique qu'en y prêtant attention vous vous sentiez bien vous aussi.

Mais si vous comptez sur le comportement des autres pour vous sentir bien, alors, quand vous observerez des comportements indésirables, il serait logique que vous ne vous sentiez pas bien. Et le pire, c'est que vous croirez alors dépendre du comportement d'autrui pour vous sentir bien. Or, vous n'avez aucun contrôle là-dessus. Ainsi, la croyance qu'il faut diriger le comportement d'autrui – pour que vous vous sen-

tiez bien quand vous l'observez – vous rend vulnérable aux comportements des autres.

Nous voulons vous aider à comprendre que ni les bons sentiments que vous ressentez à observer des comportements désirables ni les mauvais que vous valent l'observation de comportements déplaisants ne sont en réalité la raison d'être de vos propres sentiments. Votre propre ressenti est exclusivement lié à votre propre alignement, ou à son absence, sur la Source qui est en vous. *Seule votre relation à votre Source intérieure (avec votre propre* Être Intérieur*) détermine les émotions que vous éprouvez.*

S'il est bien sûr agréable de trouver dans votre environnement physique des choses qui améliorent votre alignement agréable sur votre *Être Intérieur,* la compréhension des raisons pour lesquelles vous vous sentez bien vous permettra de conserver cet état, indépendamment du comportement d'autrui.

Comprendre que votre ressenti dépend de votre relation vibratoire avec votre Être intérieur – *avec la Source en vous, avec la version élargie de vous-même qui réside dans votre Vortex – vous confère une liberté absolue et vous donne accès à toutes vos ressources.*

6

Parfois, les gens croient que leur bonheur dépend de
vos propres réactions, mais cela n'est jamais vrai.
Et si vous les encouragez à croire cela – ou si vous
faites les choses à l'envers pour leur plaire –,
vous n'aiderez ni les autres ni vous-même.

Quand les autres apprécient votre comportement, vous vous sentez souvent bien vous-même. Il est toujours agréable de constater que les autres vont bien et de savoir qu'on a quelque chose à voir avec cet état. Mais si une personne compte sur vous pour se sentir bien, alors vous vous retrouverez tous les deux en mauvaise posture.

Si vous faites de votre relation à votre <u>Être Intérieur</u> votre priorité, et si vous choisissez délibérément des pensées qui favorisent votre alignement, vous apporterez constamment le meilleur aux autres. <u>Ce n'est que lorsque vous êtes aligné sur la Source que vous avez quelque chose à offrir à autrui.</u>

Si votre comportement a pour objectif de rendre autrui heureux, vous allez perdre votre Connexion à la Source. Or, vous ne pouvez pas être heureux si vous n'êtes pas aligné sur la Source. En l'absence de cet alignement, vous n'avez rien à offrir à autrui.

Notre processus de méditation quotidienne vous aidera à vous libérer régulièrement de vos résistances et à vous aligner sur le pouvoir, la clarté et l'amour de Qui Vous Êtes Vraiment, et alors tous ceux qui font l'objet de votre attention vont en profiter.

Les autres remarqueront le bonheur constant qui est le vôtre et ils profiteront de la puissance de votre exemple. Si vous leur faites savoir que votre bonheur ne dépend que de votre propre capacité à vous aligner sur *Qui Vous Êtes Vraiment,* vous les aiderez à découvrir la même liberté en eux-mêmes.

Plutôt que d'entreprendre la tâche impossible de vous comporter d'une manière qui plaît aux autres, montrez-leur combien il est agréable d'être constamment aligné. Vous trouverez toujours votre bonheur à l'intérieur de votre Vortex. Et le bonheur que les autres recherchent se trouve dans leur propre Vortex.

7

Quand vous vous attendez à ce que les autres réussissent sans votre concours, vous les voyez tels que la Source les voit. Lorsque vous croyez que les autres ont besoin de votre aide et que vous essayez de compenser leurs faiblesses par vos propres forces, vous ne les aidez pas.

Quand vous êtes dans votre Vortex et que vous êtes aligné sur votre Perspective plus vaste, tout en étant concentré sur d'autres êtres humains, l'attention que vous leur portez est bénéfique. Chaque fois que vous êtes aligné sur l'Énergie puissante de votre Source, tout ce qui fait l'objet de votre attention profite de votre regard.

Quand vous êtes dans votre Vortex, aligné sur votre Être Intérieur, *vous ne serez accordé que sur la perception du succès des humains que vous observez. Chaque fois que vous êtes conscient des problèmes d'autrui, vous n'êtes pas dans votre Vortex ni aligné sur la manière dont la Source en vous les considère.*

Quand vous êtes mal à l'aise parce que vous voyez que les autres sont dans une situation de manque ou de besoin et que vous décidez de les aider à partir de cette conscience-là, il n'en résultera rien de durablement bon, pour deux raisons importantes. Premièrement, vous n'êtes pas aligné sur l'Énergie de la Source, aussi n'avez-vous rien de précieux à offrir. Deuxièmement, l'attention que vous prêtez à leur manque ne fait que l'amplifier.

Bien entendu, il est merveilleux d'aider les autres, mais vous devez le faire d'une position de force et d'alignement, ce qui veut dire que vous devez être aligné sur le succès au moment de leur offrir votre assistance, et non aligné sur leurs problèmes.

Il est facile de savoir si l'aide que vous proposez émane d'une position d'alignement ou de résistance ; il suffit d'observer comment vous vous sentez. Lorsque la conscience que vous avez de la situation des autres vous met mal à l'aise et que vous leur offrez votre aide pour qu'ils aillent mieux (et vous aussi), vous n'êtes pas dans le Vortex et vous ne leur êtes d'aucun secours. *Lorsque vous éprouvez une joyeuse impatience inspirée du désir d'aider quelqu'un, parce que vous voulez participer à son succès et à son bonheur, l'attention que vous portez à son succès s'harmonise sur le point de vue de la Source ; les ressources infinies de l'Univers sont alors à votre disposition. Et ça, c'est utile !*

8

Lorsque vous cherchez les forces d'autrui, même si elles sont difficiles à trouver, votre attention les amplifie, et avec le temps, grâce au projecteur que vous braquez dessus, elles deviendront également visibles pour les autres.

Parfois, les autres sont à ce point fixés sur les détails déplaisants de leur situation actuelle qu'ils ne parviennent pas à entrevoir le moindre espoir que les choses s'inversent. Puisqu'ils sont à ce point absorbés par la réalité qu'ils vivent, ils perpétuent les Vibrations qui correspondent à ce qu'ils ne veulent pas, et ils continuent ainsi à attirer davantage de choses indésirables.

Mais lorsque vous vous êtes entraîné à cultiver une Vibration d'alignement et que vous êtes régulièrement à l'intérieur de votre Vortex, vous parvenez à les voir comme les personnes couronnées de succès qu'elles sont vraiment, et non comme des gens qui repoussent momentanément leur propre succès. Souvent, ces gens sont si « vibratoirement » éloignés du succès qui les attend à l'intérieur de leur Vortex qu'ils sont incapables de se frayer un chemin vers l'intérieur. Mais comme vous

êtes déjà à l'intérieur du Vortex, et que vous faites d'eux les objets de votre attention, ils parviennent à vous voir et à vous sentir.

Voilà quelle est véritablement la puissance d'une influence positive : du fait que vous parvenez à reconnaître leur véritable pouvoir et à projeter une lumière dessus, ils parviennent parfois à en avoir un aperçu eux-mêmes.

L'attention négative que vous accordez à la moindre chose ne fait que perpétuer davantage d'attention négative. Et l'attention positive que vous accordez à quelque chose perpétue elle aussi plus de positif. Toutefois, votre attention positive a plus d'influence que la négative, car lorsque vous vous alignez sur l'Énergie de l'intérieur du Vortex, vous accédez à la puissance même qui crée les mondes. *Notre processus de méditation quotidienne vous aidera à trouver et à préserver votre alignement sur cette Énergie qui crée les mondes, afin que vous puissiez ensuite offrir un véritable soutien aux autres en projetant votre regard sur eux. Littéralement, chaque personne à laquelle vous pensez de l'intérieur de votre Vortex en bénéficie.*

9

Lorsqu'une personne exprime sa colère, en paroles ou en actes, son conflit n'est pas avec vous, mais avec elle-même. Et si vous ne faites pas une affaire personnelle de son comportement – en comprenant qu'il s'agit d'un conflit intérieur –, elle finira par vous laisser en dehors de cette lutte.

Il est toujours agréable de voir quelqu'un d'heureux ; et lorsque son bonheur est associé à votre comportement, vous pouvez vous sentir particulièrement bien.

Vous êtes quelqu'un qui remonte le moral des gens et il est vrai que pouvoir aider les autres fait du bien. Mais si vous encouragez les autres à croire que leur bonheur dépend de votre comportement, vous ne leur rendez pas du tout service, ni à vous-même d'ailleurs. *Vous allez finir par vous fatiguer d'entreprendre la tâche impossible consistant à vouloir rendre les autres heureux. Car, à mesure que leurs demandes augmenteront, vous perdrez la sensation d'être libre. De plus, comme c'est vous qui êtes là pour les aider, il arrive souvent que s'ils ne vont pas mieux, ils vous en fassent le reproche.*

Tout le monde possède un éventail d'opinions, de croyances et d'attentes sur toutes sortes de sujets. Lorsque vous prêtez attention à quelque chose, cette Vibration-là s'active et passe à l'avant-plan, pour ainsi dire. Et plus vous vous concentrez dessus, de sorte qu'elle passe au premier plan, plus elle devient dominante.

Vous pouvez décider de faire en sorte que l'aspect positif de quelqu'un d'autre devienne dominant dans votre Vibration, ou alors choisir plutôt un aspect négatif : quel que soit votre choix, c'est lui qui formera la base vibratoire de votre relation.

Lorsque votre bonheur devient votre priorité et que, par conséquent, vous gardez actifs en vous les meilleurs aspects d'autrui, vous entraînez votre fréquence vibratoire de telle manière que les gens ne pourront avoir rendez-vous avec vous sans que cela soit agréable pour eux.

La seule façon pour quiconque d'être constamment heureux consiste à comprendre que la sensation du bonheur découle simplement de l'alignement sur la Source qui est en nous. Lorsque vous êtes dans votre Vortex de Création, vous êtes aligné sur Tout Ce Que Vous Êtes Devenu *et sur tout ce que vous avez demandé. Il n'existe tout simplement rien qui puisse se substituer à cet alignement.*

10

Parfois, vous estimez que ce que les autres pensent de vous est important, alors vous faites en sorte d'obtenir leur approbation. Toutefois, vous ne pouvez pas faire grand-chose pour que cette approbation soit constante, car elle n'a rien à voir avec vous, mais avec eux.

Les adultes souhaitent modeler le comportement des enfants d'une manière qui leur plaît, ce qui, de leur point de vue, ne semble pas une mauvaise chose. Sauf que cela entraîne des conséquences très négatives à la fois pour l'enfant et pour l'adulte. *Cela ne fonctionne pas pour celui qui s'efforce de plaire à autrui, car il y a trop de gens qui attendent trop de choses différentes de lui, et vouloir correspondre aux conceptions changeantes de ce qu'autrui estime être un comportement adéquat n'est pas une mince affaire. De plus, cette façon de faire ne fonctionne pas non plus pour celui qui veut qu'on lui plaise, car si vous réussissez à faire en sorte que les autres modifient leur comportement pour vous plaire, vous avez alors toujours besoin de contrôler les autres ou de coopérer avec eux ou tout simplement qu'on vous plaise. Une entreprise à la fois impossible et futile.*

Si vous avez développé l'habitude de déployer beaucoup d'efforts pour que votre entourage soit heureux, lorsqu'il ne l'est pas, lorsqu'il est en colère, vous pouvez alors croire que c'est de votre faute. *Les gens font souvent tout pour vous faire croire que vous êtes la raison première de leurs problèmes, mais vous avez sans doute constaté que plus vous essayez de modifier votre comportement pour qu'ils soient heureux, plus ils en exigent encore davantage de vous. Une fois encore, c'est là une tâche impossible et futile.*

Quand vous ferez la démonstration de l'état de bonheur constant que vous atteignez en ayant conscience de votre Vortex et en cultivant des pensées qui vous permettent d'y entrer régulièrement et, plus important encore, lorsque vous cesserez de changer de comportement pour apaiser les autres ou résoudre leurs problèmes, vous leur montrerez – par la force de votre exemple – le secret de leur propre bonheur. Être heureux, c'est là une chose éminemment personnelle, qui n'a absolument rien à avoir avec autrui.

11

Si vous ne vous préoccupez plus du tout de ce que les autres pensent de vous, pour vous concentrer plutôt sur vos propres sentiments à leur égard, vous mettrez à jour la compréhension fondamentale de Qui Vous Êtes Vraiment et vous découvrirez ce qu'est la vraie liberté.

L'opinion de vous que cultivent actuellement les autres est bien davantage liée à leurs sentiments (selon qu'ils sont alignés sur leur Source et qu'ils sont ou non à l'intérieur de leur Vortex au moment où ils les éprouvent) qu'à votre propre comportement.

Il n'existe sans doute pas de plus grand gaspillage de temps que de vouloir influencer la façon dont les autres vous voient, car ce qu'ils voient n'a que peu de lien avec l'objet de leur attention et beaucoup avec le point de vue depuis lequel ils vous regardent. <u>*Les sentiments qu'éprouvent les autres à votre égard concernent avant tout leur propre relation à leur Vortex.*</u>

Comme leurs sentiments agréables découlent de leur relation à leur *Être Intérieur,* à leur présence dans leur Vortex, le mieux pour aider les autres à se sentir bien consiste à les encourager à aller dans leur Vortex.

Mais vous ne pouvez y parvenir efficacement qu'en étant vous-même dans votre propre Vortex, aligné sur votre propre *Être Intérieur*.

Ainsi, si vous voyez quelqu'un de malheureux (pour quelque raison que ce soit), la seule observation de son malheur vous empêche d'être dans votre Vortex, et vous ne pouvez donc pas l'aider. Mais si votre priorité consiste plutôt à être dans votre Vortex, que vous ne vous autorisez pas à vous fixer sur les problèmes ou les malheurs des autres, et que vous restez dans votre Vortex en faisant maintenant d'eux l'objet de votre attention, de l'intérieur même de *votre* Vortex, vous pouvez les aider à accéder au *leur* et, par conséquent, à se sentir mieux.

La véritable liberté se découvre en l'absence de toute résistance. Il s'agit de pouvoir se sentir bien et de demeurer à l'intérieur du Vortex, quelles que soient la situation et les conditions environnantes. La véritable liberté est la découverte de la capacité à préserver un amour inconditionnel, de pouvoir rester dans la position « dans le Vortex » quoi qu'il arrive.

12

*Essentiellement, vous êtes plus semblables que
différents, car vous partagez un lien commun avec
la Source, l'amour et l'expansion. Donc, si vous vous
sentez menacé par autrui, cette menace n'est pas
réelle, car il n'y a que vous qui pouvez interrompre
le cours naturel de votre Bien-Être.*

Aucun d'entre vous ne se sent bien quand il n'est plus aligné sur sa Source. Le sentiment de vide que vous connaissez lorsque vous ne permettez pas votre Connexion à votre puissance, votre Énergie et votre clarté est extrêmement déplaisant. Et souvent – quand vous-même ou autrui vous trouvez dans cet état de résistance –, vous manifestez cette déconnexion en vous en prenant aux autres.

Lorsque vous voyez quelqu'un qui cherche à diriger les autres, vous observez un individu qui est hors de son Vortex et qui se coupe de ses propres ressources de Bien-Être. Cette personne essaie vainement de compenser la coupure de ses propres ressources qu'elle s'impose en s'en prenant à autrui.

Si vous laissez le comportement menaçant ou déplaisant d'autrui éveiller des sentiments négatifs en vous, vous avez simplement rejoint la chaîne de douleur qui se trouve hors de votre Vortex. Nous voulons donc que vous compreniez que les autres n'ont aucun pouvoir sur vous.

Tout le monde aspire à se sentir bien, à s'estimer, à vivre à fond, à se sentir progresser, à apprendre de nouvelles choses et à connaître l'amour. Mais nombreux sont ceux qui cherchent l'amour au mauvais endroit. Lorsque vous observez un comportement indésirable chez autrui, c'est comme si vous voyiez quelqu'un avec un oreiller écrasé sur le visage, incapable de respirer. Ce comportement inadéquat est pour lui l'équivalent de s'agiter désespérément dans le but d'inspirer une bouffée d'air vitale.

Alors, quand les autres se comportent avec rudesse ou agressivité envers vous, rappelez-vous simplement qu'ils désespèrent de s'aligner sur leur Vortex. Il ne s'agit pas de vous. Ce ne sont ni leurs menaces ni leur pouvoir, leur force ou leur position apparentes qui mettent en danger votre vie ou votre bonheur. Seule l'attention que vous prêtez à quelque chose qui fait obstacle à votre alignement vibratoire sur la Source peut amoindrir votre Bien-Être; or, vous avez le contrôle absolu de cela.

13

*Plus vous insisterez pour ne voir que les aspects
positifs des gens, plus, avec le temps, vous ne verrez
que ceux-là, car vous aurez progressivement ajusté
votre point vibratoire d'attraction, et la Loi dit
qu'il doit en être ainsi.*

Toute pensée que vous avez cultivée un jour a le pouvoir d'être réactivée ; toutefois, votre cerveau ne stocke pas toutes ces pensées pour vous les projeter ensuite au hasard. C'est vous qui les activez selon ce qui fait l'objet de votre attention.

Plus vous insistez pour ne voir que les aspects positifs d'autrui, plus vous formez votre fréquence vibratoire à avoir des Vibrations toujours meilleures. Alors, peu importe combien de pensées négatives vous avez cultivées jusqu'ici, ni durant combien de temps. <u>Vous pouvez en ce moment même vous concentrer délibérément sur des pensées meilleures.</u>

Comme la *Loi de l'Attraction* réagit à vos pensées actuelles, vous allez de toute évidence en attirer davantage du même genre. En d'autres termes, la *Loi de l'Attraction* (*ce qui est semblable attire à soi ce qui lui*

ressemble) va continuer de trouver de plus en plus de pensées qui correspondent à votre fréquence vibratoire actuelle.

Plus vous choisissez délibérément des pensées agréables, plus vous avez promptement et facilement accès à ces pensées-là. Mais un autre moyen rapide et efficace d'avoir accès à des pensées plus agréables consiste à vous concentrer sur votre respiration en désactivant vos pensées de résistance. Ce faisant, votre Vibration va aussitôt s'élever jusqu'à trouver résonance et alignement avec celle de votre Source, à l'intérieur du Vortex.

Nous enseignons la méditation parce que, dans certaines situations, il est plus facile de trouver «aucune pensée» qu'une pensée positive. <u>Il n'existe pas de voie meilleure pour atteindre des relations merveilleuses, significatives et agréables que l'alliance de la méditation quotidienne – permettre à votre Vibration de trouver son équilibre naturel – et de la concentration délibérée sur les aspects positifs de toute chose et tout être.</u>

14

*Il est certain que vous pouvez trouver la relation
amoureuse à laquelle vous aspirez, mais vous devez
au préalable faire quelque chose de très important :
devenir l'Équivalent vibratoire des qualités que vous
recherchez. Car ce que vous attirez
vous correspond toujours.*

Les gens croient souvent qu'en trouvant un partenaire qui les aime, ils auront la réponse à tout ce qui leur manque dans la vie. Ils veulent trouver la seule et unique personne qui va fondamentalement les compléter. Et, dans presque tous les cas, ils voudraient que cette personne soit là tout de suite, ici même !

Mais du fait de la compréhension de la *Loi de l'Attraction* qui est la nôtre, nous les encourageons à lâcher un peu la bride sur le « tout de suite, ici même », pour une raison très importante : *si vous voulez absolument trouver un partenaire tout de suite, il sera l'Équivalent vibratoire de vos sentiments actuels. La personne qui arrivera tout de suite correspondra fondamentalement à ce que vous êtes à l'instant même.*

Si vous vous sentez incompris, seul et mal aimé, vous ne pouvez pas attirer un partenaire qui vous offrira autre chose que cela.

Si vous avez surtout remarqué combien il vous manquait une relation merveilleuse, la présence d'une telle relation est impossible. Pas pour l'instant.

Si vous recherchez une relation joyeuse, vous devez tout d'abord être joyeux vous-même. Demander une relation joyeuse pour vous rendre joyeux, c'est mettre la charrue devant les bœufs.

Si vous cherchez une relation satisfaisante, vous devez tout d'abord trouver votre satisfaction.

Si vous cherchez une relation plaisante remplie d'excitation et de moments agréables, vous devez être plaisant, excitant et vivant des moments agréables.

Ce que vous ressentez correspond à *Qui Vous Êtes*. Et *Qui Vous Êtes* détermine tout ce que vous attirez. La puissante *Loi de l'Attraction* le souligne.

La façon la plus exacte de déterminer quelle est votre offrande vibratoire chronique consiste à prêter attention à vos relations actuelles. Les gens que vous attirez sont le reflet parfait de vos pensées chroniques, de vos sentiments et de votre point d'attraction. Et c'est là quelque chose que vous contrôlez totalement.

15

Concentrez-vous sur ce qu'il y a de mieux chez autrui. Et lorsque certaines caractéristiques que vous désirez font défaut, entraînez-vous à les voir quand même ; ainsi, elles finiront par se manifester dans votre vie. C'est la Loi.

Chaque personne avec qui vous échangez présente une variété de potentiels vibratoires parmi lesquels vous pouvez faire votre choix. Et de même que vous choisissez délibérément ce que vous voulez manger au déjeuner, parmi le choix offert au buffet, vous pouvez choisir les caractéristiques des personnes avec lesquelles vous êtes en interaction.

Même si la majeure partie de ce que les autres vivent, ressentent et sont ne vous convient pas, vous avez quand même la capacité de chercher et de trouver les caractéristiques qui vous plaisent vraiment. Et quand vous en aurez fait une habitude, vous attirerez à vous des expériences toujours meilleures de la part de chacun.

Rappelez-vous que chaque fois qu'un aspect problématique d'autrui se présente à vous, une solution équivalente se présente également. Et

même si cette personne est peut-être loin de manifester ou de vivre cette solution, cette dernière n'en demeure pas moins là. Elle reste à sa portée et, avec de l'entraînement, vous parviendrez à la discerner.

Si vous êtes déterminé à vous sentir bien et, par conséquent, tout aussi résolu à rester dans votre propre Vortex, non seulement vous discernerez de plus en plus d'aspects positifs chez les autres, mais avec le temps, vous finirez par les inspirer à les voir également en eux-mêmes.

Lorsque vous amplifiez l'aspect vibratoire de telle ou telle chose en y prêtant attention, l'éclairage que vous projetez dessus permet aux autres de le voir plus facilement eux aussi.

L'attention que vous prêtez aux aspects positifs des gens vous fait du bien, parce que cela vous pousse à vous aligner sur votre *Être Intérieur*. Mais cela vous incite également à vous aligner sur leur *Être Intérieur* à eux, sur *Qui Ils Sont Vraiment*.

En vous branchant sur la fréquence de votre Source, grâce à cette méditation quotidienne, vous n'aurez accès qu'au meilleur de toutes les personnes que vous rencontrez. Vous ne pouvez faire de plus grand cadeau aux autres que celui de les reconnaître tels qu'ils sont vraiment.

16

Vous vous en sortez extrêmement bien. Les relations auxquelles vous aspirez sont en route vers vous. Détendez-vous et appréciez le déploiement des choses… Ayez de l'appréciation pour Ce Qui Est, montrez-vous impatient de ce qui vous attend… Il y a beaucoup d'amour pour vous ici.

Et, comme toujours, nous demeurons dans le Vortex.

Vous êtes venu dans cette réalité spatiotemporelle avec des milliards d'autres êtres humains, en comprenant la valeur de tout ce que vous vous apportez les uns aux autres et de tout ce que vous apportez à *Tout Ce Qui Est*. La splendeur et la richesse des relations que vous découvrirez avec tous ceux avec qui vous partagez cette planète dépendent totalement de la relation que vous favorisez consciemment entre votre moi physique et sa contrepartie non physique : votre *Être Intérieur*.

Votre *Être Intérieur* fait preuve d'une volonté sans faille de ne discerner que votre valeur et votre bonté, maintenant cette Vibration comme un repère à votre intention, pour le moment où vous serez prêt à vous aligner dessus. Il vous considère ainsi même lorsque vous n'y parvenez pas vous-même.

Nous prenons un plaisir immense à vous offrir ces concepts universels, fondés sur la *Loi,* sous forme logique, car nous savons quel plaisir sera le vôtre quand vous atteindrez une résonance pure avec eux.

Nous prenons tout autant de plaisir à comprendre qu'il n'y a rien de plus naturel pour vous dans l'Univers que de vous sentir bien, et rien de ce que nous avons dit dans ce livre n'est nécessaire pour y parvenir.

Si la seule décision que nous vous avons inspirée (du fait d'avoir écrit et enregistré les messages que nous vous avons offerts) est de méditer chaque jour, durant 15 minutes seulement, tout en respirant au rythme de la musique, en vous concentrant en douceur, dans l'intention que votre souffle se fonde, respiration après respiration, sur le tempo de la musique de fond, cela suffira amplement. Cela suffira pour que vous vous libériez de toute résistance, de tout inconfort, de toute maladie, de toute solitude, de tout élément indésirable... et que cela soit remplacé, respiration après respiration, par la clarté, la vitalité, la facilité, la fluidité et l'amour de la Source en vous.

Il y a beaucoup d'amour pour vous, ici !

À propos des auteurs

Enthousiasmés par la clarté et l'aspect pratique des transcriptions des enseignements d'Abraham, **Esther** et **Jerry Hicks** ont commencé à partager leur incroyable expérience avec quelques proches partenaires professionnels en 1986.

Devant les résultats concrets qu'eux-mêmes et leurs amis obtenaient, après avoir abordé des questions touchant la finance, la santé et les relations humaines, et mis en pratique les réponses d'Abraham, Esther et Jerry ont pris la décision de rendre cet enseignement disponible à un cercle de personnes toujours plus grand, en quête d'une vie meilleure.

Depuis 1989, à partir du centre de conférence à San Antonio, Texas, qui leur sert de base, ils visitent chaque année près de 50 villes où ils animent des ateliers sur l'*Art de Permettre,* à l'intention de leaders qui souhaitent participer à ce courant de pensée progressiste. Malgré l'intérêt mondial dont fait l'objet cette philosophie du Bien-Être de la part de penseurs et formateurs de pointe qui ont incorporé de nombreuses idées d'Abraham dans leurs livres, leurs scénarios et conférences, la propagation de cet enseignement se fait essentiellement de bouche à oreille, à mesure que des gens découvrent la valeur de cette spiritualité pratique, en l'appliquant dans leur propre vie.

Abraham – groupe d'instructeurs non physiques visiblement évolués – présentent leur point de vue à travers Esther Hicks. En s'adressant à notre niveau de compréhension, à travers toute une série d'essais brillants, empreints d'amour et cependant faciles à appréhender, ils nous aident à établir un contact avec notre Être Intérieur et à développer tout le pouvoir de notre Moi total.

À ce jour, les Hicks ont publié plus de 800 livres, cassettes audio, CD, vidéos et DVD.

www.abraham-hicks.com